데이터와 지표로 살펴보는 대만

이 책은 2024년 2월 1일에 초고를 마쳤다. 따라서 2023년까지의 데이터와 지표를 기준으로 원고가 작성되었음을 밝힌다.

TAIWAN
데이터와 지표로 살펴보는
대만

황우념 · 이정기 지음

이담북스

대만과 대만 사회 이해의 필요성

한국의 국토 면적은 1,004만 3,184ha로 세계 109위고, 2022년 기준 인구수는 51,672,569명으로 세계 29위다(KOSIS, 2023.09.25.). 한국은 인구 밀도가 매우 높은 국가다. 한국의 인구 밀도는 OECD 국가 중 1위로 알려져 있다. 한편, 대만의 국토 면적은 359만 6천ha로 세계 137위다(KOSIS, 2023.09.25.). 대만의 국토 면적은 한국 국토 면적의 35.81% 정도에 불과하다. 그리고 2022년 기준, 대만의 인구는 23,319,977명(세계 59위)(KOSIS, 2023.09.25.)으로 한국 인구의 45.13% 규모에 불과하다. 이처럼 대만은 한국보다 더 좁은 국토 면적을 가지고 있고, 인구 밀도도 더 높다. 글로벌 시장 조사 기관 스태티스타(Statista, 2024b)에 의하면 2022년 기준 한국의 인구 밀도는 1km²당 514명이고,

대만의 인구 밀도는 1km²당 643명으로 알려져 있다.

한국과 대만은 동아시아를 대표하는 민주주의 국가로 경제 수준이 높은 국가기도 하다. 구체적으로 대만의 GDP(7,614억 달러, 세계 21위)는 한국 GDP(1조 6,732억 6천만 달러, 세계 13위)를 크게 밑돈다. 그러나 대만의 1인당 GDP는 32,811달러로 한국(32,237달러)과 비슷한 수준이다. 대만은 2022년, 18년 만에 1인당 GDP가 한국의 1인당 GDP(32,237달러)를 넘어섰다고 발표했다(OCAC, 2023.04.29.). 아울러 2022년, 한국이 478억의 무역 적자를 기록한 반면, 대만은 514억 달러의 무역 흑자를 기록했다(OCAC, 2023.04.29.; Kim, 2023.05.01.). 대만 무역의 성장은 대만 기업 TSMC 등 반도체 산업의 경쟁력 향상이 원인으로 손꼽힌다(Kim, 2023.05.01.). 실제로 2022년 대만의 6대 첨단산업(반도체, 디스플레이, 이차전지, 미래 차, 바이오, 로봇) 세계 수출시장 점유율은 3위(8.1%)로 한국(6.5%, 5위)에 비해 높았다(1위 중국(14.1%), 2위 독일(8.3%), 4위 미국(7.6%)). 한편, 2018년 조사에서 한국의 점유율은 8.4%(2위)로 대만의 점유율 5.9%(5위)에 비해 높았다(한국경영자총협회, 2024.01.23.). 이상의 데이터는 대만의 경제 수준이 한국과 비슷한 수준이라는 점, 그리고 최근 다양한 분야에서 대만의 성장세가 한국의 성장세에 비해 다소 높은 수준이라는 점을 보여준다.

이처럼 비슷한 인구 밀도, 경제 환경을 가진 한국과 대만이 당면한 문제 역시 유사한 상황이다. 대만은 한국과 마찬가지로 출산율의 문제를 겪고 있다. 2022년 기준 대만의 출산율은 0.87명으로 한국의 0.78명 못지않게 낮은 편이다(Kotra, 2023). 그리고 인구 10만 명당 자살률은 16.2명으로 한국의 25.2명(Statista, 2024a; 보건복지부, 2023)보다는 낮지만 우려스러운 상황이다. 더구나 대만의 실업률은 3.67%로 한국의 2.9%에 비해 다소 높은 상황이다(Statista, 2023; 국가지표 통계, 2023.03.08.). 이 밖에도

〈표 1〉 대만과 한국의 기타 지표(2022년 기준)

구분	출처	대만	한국
면적	KOSIS(2023.09.25.)	359만 6천ha	1,004만 3,184ha
인구	Taiwan(2023), KOSIS(2024)	23,319,977명	51,672,569명
인구 밀도	Statista(2024b), 1km²당	643명	514명
1인당 GDP	OCAC(2023.04.29.), Kim(2023.05.01.)	32,811달러	32,237달러
무역 상황		514억 달러 흑자	478억 달러 적자
실업률	Statista(2023), 국가지표 통계(2023.03.08.)	3.67%	2.9%
출산율	KOTRA(2023)	0.87명	0.78명
자살률	Statista(2024a), 보건복지부(2023), 10만 명당	16.2명	25.2명

한국과 대만은 정도의 차이가 있을지언정 거대 양당 중심 정치 시스템의 문제, 언론사의 저널리즘 기능 문제와 선정성 문제(황우넘·이정기, 2016) 등을 가지고 있다는 공통점이 있다.

즉 한국과 대만은 유사한 환경, 경제 시스템, 유사한 사회적 문제가 있다. 그러나 최근 한국의 경제 지표와 민주주의 지표가 다소 하락하는 추세인 반면, 대만의 경제 지표와 민주주의 지표는 상승세를 기록하고 있다. 한국 사회가 당면한 문제를 해결하기 위해 유사한 문제를 가진, 그러나 그 문제를 슬기롭게 극복하고 있는 것처럼 보이는 대만의 상황에 주목해야 할 이유다.

한국과 대만의 각종 지수에 대한 정리와 평가

이 책은 대만의 정치, 경제, 사회적 상황을 보여주는 다양한 글로벌 데이터와 지표를 탐색적으로 제시하고, 한국의 상황과 비교한 후 해당 데이터와 지표가 한국 사회에 주는 함의를 제시하고자 했다. 이 책을 통해 제시한 지표 가운데, '민주주의 지수', '세계평화 지수', '통일 인식' 등의 지표는 해당 국가의 정치·사회적 상황을 이해하기 위한 맥락, '세계자유 지수', '인간자유 지수', '세계 언론자유 지수', '인터넷 자유 지수'는 해당 국가가 얼마나 자유로운지 이해하기 위한 맥락, '행복 지수', '외국인의 생활 인식'은 해당 국가의 삶의 질을 이해하기 위한 맥락, '인간개발 지수', '성 불평등 지수', '국가 경쟁력 지수', '국가 디지털 경쟁력 지수', '지속 가능한 무역 지수'는 해당 국가의 경제적 상황을 이해하기 위한 맥락에서 소개됐다.

구체적으로 정치·사회적 상황을 이해하기 위한 맥락의 지표(산술 평균)에서 대만은 21.5위, 한국은 33.5위로 평균 12위의 차이가 있었고, 국가의 자유도를 이해하기 위한 맥락의 지표에서 대만은 21.67위, 한국은 44.67위로 평균 23위의 차이가 있었으며, 삶의 질을 이해하기 위한 맥락의 지표에서 대만은 16위, 한국은 53.5위로 평균 37.5위의 차이가 있었고, 경제적 상황을 이해하기 위한 맥락의 지표에서 대만은 11.25위, 한국은 12위로 차이가 거의 없었다. 한국과 대만 사이의 경제적 상황에 큰 차이가 없다는 것은 양국이 첨단산업 생산 강국이고, 수출 중심의 산업 구조를 가지고 있다는 측면에서 이해될 수 있는 부분이다. 문제는 경제적 상황이 유사한 한국 사회의 삶의 질, 행복도를 보여 주는 지표가 대만에 비해 상당히 낮게 나타났다는 것이다. 이는 한국 사회가 삶의 질, 시민의 행복을 높이기 위해서는 과도한 경쟁주의 시스템을 개선하고, 인권 환경을 개선하기 위한 정책적 노력, 정부와 정치권에 대한 신뢰를 높이기 위한 제도적 노력이 필요하다는 점을 보여준다. 이 분야에서 긍정적인 평가를 받은 대만의 사례와 더 높은 순위를 받은 국가들의 사례를 벤치마킹하는 등의 노력도 필요해 보인다. 아울러 한국 사회에서 개인과 조직, 언론사의 자유를 확장하기 위한 법, 제도적 환경의 정비와 함께 극단적인 양당 정치 시스템 등의 문제를 개선하기 위한 노력, 북한과의 관계를 개선하기 위한 적극적인 외교적 노력이 필요할 것으로 판단된다.

이 책은 아래 표를 통해 제시한 각종 지표와 데이터 내용과 결과에 대해 세부적으로 제시했다. 이 책을 통해 한국 사회는 가깝지만 낯선 국가인 대만을 조금 더 잘 이해할 수 있게 될 것이다. 그리고 한국인의 관심이 부족한 국가였던 대만의 각종 지표는 한국 사회와 한국인들이 한국 사회를 낯설게 바라보고, 성찰하는 데 도움을 줄 수 있을 것이다. 이러한 과정은 한국 사회가 당면한 각종 문제를 해결하기 위한 방향을 모색하는 데도 도움이 될 것이다.

〈표 2〉 대만과 한국의 지표 종합

구분	조사기관(출처)/ 조사 국가 수	대만		한국	
		점수	순위	점수	순위
민주주의 지수	EIU(The Economist Intelligence Unit, 2023), 167개국	8.99	10위	8.03	24위
세계평화 지수	Institute for Economics & Peace(2023), 163개국	1.649	33위	1.763	43위
통일 인식	政治大學選擧研究中心(2024), 김범수 외(2023)	통일 필요	7.4%	통일 필요	62%
인간개발 지수	UNDP(2021/22), 170여 개국(비공식 포함)	0.026	비공식 19위	0.025	비공식 20위
성 불평등 지수	UNDP(2021/22), 170여 개국(비공식 포함)	0.036	비공식 7위	0.067	비공식 16위
세계자유 지수	Freedom House(2023), 195개국(지역)	93	18위	83	59위
인간자유 지수	Cato Institute & Fraser Institute(2023), 165개국	8.56	12위	8.12	28위
세계 언론자유 지수	국경없는 기자회(2023), 180개국	75.54	35위	70.83	47위
행복 지수	유엔SDSN(2023), 137개국	6.535	27위	5.951	57위
외국인의 생활 인식	InterNations(2023), 53개국	–	5위	–	50위
세계경쟁력 지수	IMD(2023), 64개국	93.11	6위	75.48점	28위
인터넷 자유 지수*	Freedom House(2023), 70개국	78	자유	67점	부분자유

구분	조사기관(출처)/ 조사 국가 수	대만		한국	
		점수	순위	점수	순위
국가 디지털 경쟁력*	IMD(2023a), 64개국	–	9위	–	6위
지속 가능한 무역 지수*	IMD(2023b), 30개국	65.9	10위	84.14	6위
평균 순위(통일 인식, 인터넷 자유 지수 제외)		–	**15.9위**	–	**32위**

* 표가 있는 항목은 본 책에서 다루지 않은 지표임. 비공식 순위는 글로벌 조사에서 대만이 제외됐고, 대만이 자체적으로 조사한 결과(순위)와 대만이 포함됐을 때 조정된 한국의 결과(순위) 의미임.

　물론 이 책에서 제시한 각종 지표가 양국의 정치, 경제, 사회, 미디어의 상황을 100% 반영한다고 볼 수는 없을 것이다. 그러나 해당 지표는 양국 상황을 이해하는 데 참고 자료로 활용되기에는 충분할 것이다. 저자들이 선택한 대부분의 지표(14개 지표 중 11개 지표)에서 대만은 한국에 비해 긍정적 평가를 받았다. 다만, 저자들이 선택하지 않은 더 많은 지표에서 한국의 지표가 대만에 비해 긍정적일 수도 있다. 따라서 이 자료는 저자들이 제시한 지표에 한정해서만 제한적으로 이해될 필요가 있다. 각종 지표와 데이터는 읽고, 해석하고, 활용하는 사람의 것이어야 한다고 생각한다.

목차

TAIWAN

01

대만의 민주주의 지수

아시아 1위, 세계 10위

민주주의 지수의 개념

민주주의 지수(Democracy Index)는 영국에서 발행되는 시사
주간지 〈이코노미스트〉(The Economist) 산하 EIU(The Economist
Intelligence Unit)에서 2006년 이후 발행하고 있는 지표로 세계 각
국가의 민주주의 수준을 보여준다. 민주주의 지수는 선거 과정
과 다원주의, 정부의 기능, 정치 참여, 정치 문화, 시민의 자유 등
5가지 지표에 대한 점수를 10점 만점으로 측정한다. 각 국가의
점수는 '완전한 민주주의', '결함 있는 민주주의', '혼합된 체제',
'권위주의' 등 4개 등급으로 분류된다(EIU, 2023, 3쪽).

완전한 민주주의 국가는 "기본적인 정치적 자유와 시민의
자유가 보장되는 국가다. 기본적으로 미디어는 독립적이고 다
양하다. 그리고 정부에 대한 효과적인 견제와 균형 시스템이
작동하며, 사법부는 독립적이다. 민주주의 기능에는 제한적인

문제만 있다." 그리고 결함 있는 민주주의 국가는 "자유롭고 공정한 선거를 치르고, 언론자유 침해 등의 문제가 발생하더라도 기본적 시민의 자유는 존중되는 국가다. 그러나 거버넌스 문제를 포함한 민주주의에 심각한 약점이 있고, 정치문화가 낙후되어 있으며 정치참여율이 낮은 국가"기도 하다. 혼합된 체제의 국가는 "선거에 자유와 공정을 방해하는 상당한 불규칙성이 있고, 야당과 후보에 대한 압박이 흔할 수 있으며, 결함이 있는 민주주의 국가보다 더 심각한 문제가 있다. 부패가 만연하고 법치주의가 취약한 경향이 있다. 아울러 시민사회가 약하고, 언론인에 대한 괴롭힘과 압력이 일반적이며, 사법부는 독립적이지 않다." 마지막으로 권위주의 국가는 "정치적 다원주의가 없거나 심각하게 제한되어 있다. 이 카테고리의 많은 국가는 노골적 독재국가다. 일부 공식 민주주의 제도가 있지만 실체가 거의 없다. 선거는 자유롭고 공정하지 않고, 시민의 자유에 대한 침해가 있으며 미디어는 일반적으로 국가의 소유거나 국가의 통제를 받는다. 또한 정부 비판에 대한 탄압과 검열이 존재하고, 독립적인 사법부가 없다"(EIU, 2023, 67쪽).

2022년을 기준(167개 국가)으로 볼 때, 완전한 민주주의 국가는 24개 국가(조사 국가 중 14.4%, 전 세계 인구의 8%)이고, 결함 있는 민주주의 국가는 48개 국가(조사 국가의 28.7%, 전 세계 인구의 37.3%), 혼합된 체제의 국가는 36개 국가(조사 국가의 21.6%, 전 세계 인구의 17.9%), 권위주의 국가는 59개 국가(조사 국가의 35.3%, 전 세계 인구의 36.9%)다(EIU, 2023, 3쪽). 총점 10점을 기준으로 할 때, 완전한 민주주의 국가가 되기 위해선 8점을 초과하는 점수를 획득해야 하며, 결함이 있는 민주주의 국가로 평가받기 위해선 6점 이상 8점 미만이어야 한다. 그리고 혼합된 체제의 국가로 평가받기 위해선 4점 이상 6점 미만이어야 하며, 권위주의 국가로 평가받기 위해선 4점 미만이어야 한다(EIU, 2023, 67쪽).

대만 민주주의 지수

2023년에 발표된 2022년 민주주의 지수에 따르면 대만은 8.99점을 기록해 완전한 민주주의 국가로 평가받았다. 대만의 민주주의 지수는 세계 10위, 아시아 1위로 평가됐다. 구체적으로 선거과정/다원성은 10점, 정부의 기능은 9.64점, 정치참여는 7.78점, 정치문화는 8.13점, 시민의 자유는 9.41점을 기록했다. 대만은 2020년 조사 이후 꾸준히 완전한 민주주의 국가로 선정되고 있다. 2020년 조사 당시 보고서는 대만은 "민주주의의 등대"라며, 정당 자금 조달의 투명성 향상과 정부의 영향으로부터 사법부의 독립성을 높이는 입법 개혁 등과 같은 긍정적인 정치 발전이 있었다고 평가했다. 아울러 대만의 2020년 1월 총통 선거(한국의 대통령 선거)와 입법위원 선거(한국의 국회의원 선거)의 높은 투표율은 중국의 위협에도 불구하고 대만 민주주의의 탄력성을 보여줬고, 대만의 코로나19 관리와 차이잉원(蔡英文) 총통의 리더십이 정부에 대한 대중의 신뢰를 유지하는 데 도움이 됐다고 평가했다(Taiwan today, 2024.01.18., 재인용).

이와 같은 대만 민주주의 지수의 성장은 2018년 공민투표법(公民投票法: 한국의 국민투표법) 개정이 큰 역할을 했다고 평가받고 있다. 예컨대 미국의 〈워싱턴포스트〉는 "대만은 민주주의에 혁명을 일으키고 있다"는 칼럼을 통해 "민주진보당이 입법부와 행정부를 모두 장악하고 있기 때문에 개정된 공민투표법이 2018년 1월부터 발효될 수 있었다"며 "이 법안 때문에 시민 발의 투표 법안에 대한 장벽이 낮아졌다"고 평가했다. 이 법안은 공민투표를 제안(안건상정)하는 데 필요한 서명 수 축소, 최소 투표율 축소, 공민투표가 가능한 연령을 만 20세에서 만 18세로 낮추는 내용을 핵심으로 한다(Su, 2018.10.05.). 구체적으로 2018년 1월 3일에 공포된 공민투표법의 핵심 개정 내용은 "△공민투표에 참여할 수 있는 자격을 만 18세 이상의 공민으로 확대 △주무기관을 공민투표심의위원회에서 중앙선거위원회와 지방정부로 변경 △공민투표 안건 상정 요건과 실시 요건을 총통 선거 유권자 총수의 0.1%, 5% 서명 제출에서 0.01%, 1.5% 서명 제출로 완화 △공민투표 가결 기준이 유권자 총수의 50% 참여 시 유효에서 유권자 총수의 25% 참여 시 유효로 변경" 등 이다(세계법제정보센터, 2018.01.18.).

〈표 3〉 2019–2022 이코노미스트(The Economist)의
대만 민주주의 지수(Democracy Index)

국가	구분	선거 과정/다원성	정부의 기능	정치 참여	정치 문화	시민의 자유	2022년 총점	세계 순위
2022년	완전한 민주주의	10.00	9.64	7.78	8.13	9.41	8.99점	10위
2021년	완전한 민주주의	10.00	9.64	7.78	8.13	9.41	8.99점	8위
2020년	완전한 민주주의	10.00	9.64	7.22	8.13	9.71	8.94점	11위
2019년	결함 있는 민주주의	9.58	8.21	6.11	5.63	9.12	7.73점	31위

출처: Templeman(2022), EIU(2023)

동아시아 주요 국가의 민주주의 지수

2022년 동아시아 3국, 즉 대만, 한국, 일본은 모두 완전한 민

주주의 국가로 평가됐다. 먼저 윤석열 정부 시기인 2022년 한국의 민주주의 지수는 8.03점으로 아시아 3위, 세계 24위를 기록했다. 한국은 완전한 민주주의 국가로 평가받았지만 완전한 민주주의 국가로 평가된 24개 국가 가운데 최하위로 평가받았다. 한편, 2021년 한국의 민주주의 지수는 8.16점을 받아 대만에 이은 아시아 2위, 세계 16위를 기록한 바 있다. 2021년의 경우 7.50점을 받은 정치 문화 영역의 점수가 2022년에 6.25점으로 대폭 하락한 것이 순위 하락의 핵심적 이유였다. 이에 대해 EIU(The Economist Intelligence Unit, 2023)는 "수년간의 대립적인 정치가 한국 민주주의에 큰 타격을 입혔다"며 "정치에 대한 마니교적(선과 악으로 이해) 해석은 합의 구축과 타협의 여지를 축소시켰고, 종종 정책 결정을 마비시켰다"고 평가했다. 아울러 "정치인들은 국민의 삶을 개선하고 합의점을 찾기보다 경쟁 정치인을 무너뜨리는 데 정치 에너지를 집중한다"며 "대중이 점점 민주 정치에 환멸을 느끼고 공인에 대한 신뢰를 잃어감에 따라 민주주의 지수 가운데 국가의 정치 문화 점수에 부정적 영향을 줬다"고 평가했다(EIU, 2023, 49쪽).

한편, 2022년 민주주의 지수에서 아시아 2위(세계 16위)는 일본이었다. 일본은 정치 문화 영역에서 대만과 같은 8.13점을 받았으나 정치 참여 영역이 6.67점으로 낮게 평가받았다. 총점은 8.33점이었다. 2021년 일본은 8.15점을 받아 한국에 0.1점 뒤진 아시아 3위(세계 17위)였다. 반면, 중국은 평점 1.94점으로 세계 156위, 권위주의 국가로 평가됐고, 북한은 평점 1.08점으로 세계 165위, 권위주의로 평가됐다. 참고로 노르웨이는 2022년 평가에서 9.81점, 2021년 평가에서 9.75점, 2020년 9.81점으로 연속해서 세계 1위를 기록한 바 있다.

〈표 4〉 2022년 이코노미스트(The Economist)의
민주주의 지수(Democracy Index)

국가	구분	선거 과정/ 다원성	정부의 기능	정치 참여	정치 문화	시민의 자유	2022년 총점	세계 순위
대만	완전한 민주주의	10.00	9.64	7.78	8.13	9.41	8.99점	10위
한국	완전한 민주주의	9.58	8.57	7.22	6.25	8.53	8.03점	24위
일본	완전한 민주주의	9.17	8.57	6.67	8.13	9.12	8.33점	16위
중국	권위주의	0.00	3.21	2.78	3.13	0.59	1.94점	156위
북한	권위주의	0.00	2.50	1.67	1.25	0.00	1.08점	165위
노르웨이	완전한 민주주의	10.00	9.64	10.00	10.00	9.41	9.81점	1위

출처: EIU(2023). 노르웨이는 해당 지수 1위 국가

대만의 민주주의 지수가 한국 사회에 주는 함의

2019년 평가까지만 해도 '결함 있는 민주주의'라는 성적표를 받아든 대만은 민주진보당(民主進步黨) 차이잉원 총통 집권 후 정치개혁을 통해 2020년 이후에는 '완전한 민주주의'라는 성적표를 받았고, 이후 꾸준히 세계 10위 내외의 성적을 보이고 있다. 이는 2019년 평가에서 대만에 앞선 점수(8.00점, 결함 있는 민주주의, 아시아 1위)를 받은 이후 꾸준히 대만에 뒤지는 성적표를 받고 있고, 이제는 완전한 민주주의 국가라는 평가도 위태로운 상황에 놓인 한국 사회에 변화가 필요하다는 점을 예측하게 한다. 구체적으로 한국은 2022년 평가에서 대만과 일본에 비해 1.88점 뒤지고 있는 정치문화의 개선 없이 민주주의 지수의 상승을 기대하기 어려울 것으로 보인다. 한국의 정치인들은 수십 년 동안 지속되고 있는 양당 중심(승자독식형) 선거 제도, 자신의 정당을 선, 상대 정당을 악으로 규정하여 토론과 합의에 이르기 어려운 정치 시스템, 열성적인 지지자와 편향적 온라인 채널에 의해 정당 민주주의와 민의가 왜곡되는 구조, 시민들이 더 이상 정치인을 신뢰하지 않는 상황과 같은 한국 내에 만연한 부정적 정치 문화를 어떻게 개선해 낼 것인지에 대해 보다 적극적으로 고민할 필요가 있다.

02

대만의 세계평화 지수

아시아·태평양 6위, 세계 33위

세계평화 지수

호주의 연구기관 경제평화연구소(IEP: Institute for Economics & Peace)는 2023년 6월 28일에 17번째 세계평화 지수(GPI: Global Peace Index)가 담긴 보고서를 발표했다. 경제평화연구소(IEP)의 세계평화 지수 보고서는 163개 국가(전 세계 인구의 99.7% 차지)의 평화 수준을 평가한다. 구체적으로 이 보고서는 23개의 질적, 양적 지표를 사용하여 국가의 위험도나 안전도를 측정한다. 예컨대 범죄 수준, 경찰 수, 살인 사건 수, 투옥된 사람 수, 내부 갈등의 강도, 내부 갈등으로 인한 사망자 수, 정치적 불안정, 강력 범죄 수준, 정치테러 규모, 재래식 무기 수입량, 테러의 영향, GDP 대비 군사비 지출, 군인 수, 외적 갈등, 외적 갈등으로 인한 사망자 수, 주변국과의 갈등 등을 측정 지표로 활용한다. 그리고 측정된 지표는 안전과 보안 수준, 현재 진행 중인 국내와 국제 갈등의 정도, 군사화의 정도라는 3가지 영역으로 구조화되어 평화 상태를 측정하게 된다. 점수가 낮을수록 더 평화로운 국가로 본다(IEP, 2023).

2023년 조사 대상이 된 163개 국가 가운데, 평화 수준이 '매우 높은 국가'는 14개국, '높은 국가'는 50개국, '중간'인 국가는 62개국, '낮은 국가'는 25개국, '매우 낮은 국가'는 12개국으로 나타났다(IEP, 2023). 이 보고서에 따르면 전 세계 분쟁으로 인한 사망자가 전년 대비 96% 증가해 23만 8천 명에 이르렀다. 아울러 84개 국가의 평화도가 개선됐으나 79개국의 평화도는 악화됐다(IEP, 2023). 세계평화 지수는 세계 각 국가의 국가내적 평화의 정도와 외적 평화의 정도를 가늠할 수 있게 해주고, 특정 국가의 평화 수준을 비교적 가늠할 수 있게 해준다는 측면에서 가치가 있다.

대만의 세계평화 지수

대만의 2023년 세계평화 지수는 1.649점이고, 이는 세계 33위 수준으로 평가됐다. 대만은 2022년 30위(1.618점), 2021년 34위(1.662점), 2020년 37위(1.707점)로 최근 4년 동안 꾸준히 세계 30위권을 유지했다. 대만의 세계평화 지수 중 높은 평가를 받은 부분은 정치적 테러(1점), 테러리스트 활동(1점), 분쟁(내부, 외부)으로 인한 사망(1점), 내·외부 갈등 발생(1점), 이재민(1점), 유엔 평화유지 자금(1점), 사회에서 인지된 범죄 수준(1.471점), 살인(1.41점), 폭력 시위 및 범죄(2점), 안전과 보안(1.638점) 등이었다. 이상의 항목은 모두 매우 높은 평화 수준으로 평가됐다. 정치적 테러와 테러리스트 활동, 내·외부 분쟁으로 인한 사망과 내·외부 갈등 발생 상황에서 최고점으로 평가 받았고, 인지된 범죄 수준, 살인과 폭력 시위 및 범죄 수준, 안전과 보안 영역에서 매우 높은 수준으로 평가받았다는 것은 대만 사회가 내부적으로 매우 안정적이고 안전하며 평화로운 국가라는 점을 보여준다.

다만, 대만은 주변국 관계(4점), 무장된 군인(2.887점), 핵무기와 중무기(1.893점), 군사비(1.932점), 군국화(1.703점), 무기 수입(1.304점) 등의 항목에서 부정적으로 평가받았다. 이는 대만 사회가 내부적으로 안정적인 반면, 중국의 위협과 같은 외부적인 불안정성이 있는 국가라는 점을 보여준다. 예컨대 최근 대만해협에서 하나의 중국을 강조하는 중국과 대만 독립 또는 양안관계의 유지를 지향하는 대만의 민주진보당 정부 간 갈등이 심화되고 있다. 그리고 이에 대비해 대만 정부는 미국산 무기 구입을 추진하는 등(BBC, 2023.11.06.)의 노력을 기울이고 있다. 이와 같은 무기 구입 등의 과정이 세계평화 지수에 부정적으로 반영 된 것으로 보인다.

〈표 5〉 대만과 한국의 세계평화 지수 세부 측정 항목별 평가 점수

구분	대만(5점 척도)/ 평화 수준	한국(5점 척도)/ 평화 수준
사회에서 인지된 범죄 수준	1.471/매우 높음	1.704/매우 높음
보안요원 및 경찰	2.5/높음	2.141/높음
살인	1.41/매우 높음	1.3/매우 높음
수감자 수	2.796/낮음	1.831/보통
무기에 대한 접근	2/매우 높음	1/매우 높음
조직적 갈등(내부)	1/매우 높음	2/높음
폭력 시위	2/매우 높음	1.75/높음
폭력 범죄	2/매우 높음	1/매우 높음
정치적 불안정	1.625/매우 높음	1.75/매우 높음
정치적 테러	1/매우 높음	1.5/매우 높음
무기 수입	1.304/낮음	2.366/매우 낮음
테러리스트 활동	1/매우 높음	1/매우 높음
분쟁(내부)으로 인한 사망	1/매우 높음	1/매우 높음
군사비	1.932/낮음	2.185/낮음
무장된 군인	2.887/매우 낮음	2.981/매우 낮음
유엔 평화유지 자금	1/매우 높음	1.326/보통

구분	대만(5점 척도)/ 평화 수준	한국(5점 척도)/ 평화 수준
핵무기와 중무기	1.893/매우 낮음	2.747/매우 낮음
무기 수출	1.008/낮음	2.71/매우 낮음
이재민	1/매우 높음	1/매우 높음
주변국 관계	4/매우 낮음	4/매우 낮음
분쟁으로 인한 사망(외부)	1/매우 높음	1/매우 높음
외부 갈등 발생	1/매우 높음	1/매우 높음
내부 갈등 발생	1/매우 높음	1/매우 높음
내부 갈등	1/매우 높음	1/매우 높음
국내외 갈등	1.604/높음	1.805/보통
안전과 보안	1.638/매우 높음	1.485/매우 높음
군국화	1.703/높음	2.182/매우 낮음
평점	1.649/높음	1.763/높음

출처: IEP(2023). 1점에 가까울수록 평화로운 것, ▨은 평화 수준 낮은 항목, ▨은 평화 수준 중간 정
도의 항목

동아시아 주요국의 세계평화 지수

동아시아 주요국의 세계평화 지수를 확인한 결과 순위가 가
장 높은 국가는 일본(9위, 1.336점)이었다. 2위는 대만(33위, 1.649
점), 3위는 한국(43위, 1.763점), 4위는 중국(80위, 2.009점), 5위는 북
한(149위, 2.848점)이었다. 일본은 평화 상태가 매우 높은 14개 국
가에 포함됐고, 대만과 한국은 평화 상태가 높은 50개 국가에

포함됐으며, 중국은 평화 상태가 중간인 60개 국가에 포함됐고, 북한은 평화 상태가 낮은 25개 국가에 포함됐다.

평화 상태가 중간으로 평가된 중국, 낮음으로 평가된 북한을 제외하고 볼 때, 일본과 대만은 한국에 비해 현재 국내와 국제 분쟁 분야, 군사화 수준에서 상대적으로 더 평화적인 것으로 평가됐다. 그리고 일본과 한국은 대만에 비해 사회적 안전과 보안 영역이 상대적으로 더 평화적인 것으로 평가됐다. 아울러 GDP 대비 군사비는 한국이 6%로 대만, 일본의 4%에 비해 높았다. 한편, 북한은 현재 국내와 국제 분쟁, 사회적 안전과 보안, 군사화 수준 영역 등 전 분야에서 동아시아 국가 중 최하위의 평가를 받았다. GDP 대비 군사비는 무려 39%에 이르는 것으로 나타났다. 이는 핵무기 개발을 핵심으로 선군정치를 펼치는 북한의 특성을 보여준다. 중국은 북한보다는 낮지만 대만, 한국, 일본 등의 국가에 비해 현재 국내와 국제 분쟁 영역, 사회적 안전과 보안 영역에서 덜 평화적인 것으로 나타났다. 중국은 군사화 수준 영역에서 북한과 함께 가장 평화적이지 않은 국가로 평가됐다. 중국의 군사화 수준 역시 한국, 북한과 함께 2점대를 넘은 것으로 확인됐다. 한국과 북한, 중국은 인접 국가와 분쟁을 겪고 있는 국가라는 측면에서 군사화 수준이 높은 것으로 판단된다.

<표 6> 대만 및 동아시아 주요국의 2023 세계평화 지수

구분	2023년 세계평화 지수 순위	평화 상태	현재 국내 및 국제 분쟁 영역	사회적 안전 및 보안 영역	군사화 수준 영역	GDP 대비 군사비 (%)
대만	33위(1.649점)	높음	1.604	1.638	1.703	4%
한국	43위(1.763점)	높음	1.805	1.485	2.182	6%
일본	9위(1.336점)	매우 높음	1.403	1.272	1.333	4%
중국	80위(2.009점)	중간	1.897	2.070	2.030	4%
북한	149위(2.848점)	낮음	2.610	2.960	3.000	39%
아이슬란드	1위(1.124점)	매우 높음	1.000	1.282	1.015	4%

출처: IEP(2023). 1점에 가까울수록 평화로운 것. ■는 평화 점수가 상대적으로 낮은 항목. 아이슬란드는 해당 지수 1위 국가

대만의 세계평화 지수가 한국에 주는 함의

세계평화 지수에서 한국은 2023년 43위(1.763점), 2022년 43위(1.779점), 2021년 57위(1.877점), 2020년 48위(1.829점)를 기록했다. 반면, 대만은 2023년 33위(1.649점), 2022년 30위(1.618점), 2021년 34위(1.662점), 2020년 37위(1.707점)를 기록했다. 한국의 세계평화 지수는 4년 평균 47.75위, 대만의 세계평화 지수는 4년 평균 33.5위로 나타났다. 두 국가 모두 평화 수준이 최상위

인 국가는 아니었다. 이는 한국이 북한과 대만이 중국과 대치 중인 상황이 반영된 결과로 판단된다. 실제로 주변국과의 관계 영역에서 한국과 대만은 4점이라는 낮은 점수를 받았다.

그럼에도 불구하고 대만의 평화 순위가 한국의 순위에 비해 약 15위 정도 높다는 점은 한국 사회의 평화 지수를 대만 이상 으로 높이기 위한 노력이 필요하다는 점을 예측하게 한다. 예 컨대 한국은 대만에 비해 국가 내적인 문제 가운데 사회에서 인지된 범죄 수준, 조직적 갈등(내부), 정치적 테러와 정치적 불 안정성이 상대적으로 부정적으로 평가됐다. 이는 세계민주주 의 지수를 조사하는 EIU(The Economist Intelligence Unit)의 평가와 유사한 측면이 있다. EIU는 한국의 "정치인들은 국민의 삶을 개선하고 합의점을 찾기보다 경쟁 정치인을 무너뜨리는 데 정 치 에너지를 집중한다"고 평가한 바 있다(EIU, 2023, 49쪽). 또한 2024년 1월 2일에는 한국의 제1 야당인 더불어민주당의 이재 명 대표에 대한 정치적 테러 행위가 발생하기도 했다. 이는 국 가의 평화도를 높이기 위한 첫 번째 과제가 국민 통합, 정부 신뢰를 위한 한국 내 정치 문화와 제도 개선이라는 점을 보여 준다.

아울러 한국은 대만에 비해 군국화 정도, 무기 수출과 수입,

핵무기와 중무기, 군사비 정도에서 부정적으로 평가받았다. 이는 GDP 대비 군사비가 39%에 이르고, 한국에 비해 군사화 수준 영역이 훨씬 더 부정적인 북한과 대치하고 있는 한국 사회의 어쩔 수 없는 상황일 수도 있다. 그러나 이러한 강대강 대결 구도는 한국과 북한의 평화를 장기적으로 저해하는 요인일 수밖에 없다. 양국의 군비 감축을 포함한 항구적 평화를 위한 전략 모색이 필요한 이유다. 물론 이러한 논의는 대만과 중국 사이에도 이루어져야 할 과제다.

03

대만인의 정체성과 통일 인식

대만인의 정체성과 통일 인식

대만 국립정치대학교 선거연구센터(政治大學選擧硏究中心)의 '대만인의 대만인/중국인 정체성 변화 조사'에 따르면, 1992년 당시 자신이 대만인이라고 응답한 사람은 17.6%에 불과했다. 자신이 중국인이라고 응답한 사람은 25.5%로 대만인이라고 응답한 사람보다 많았다. 당시에 스스로를 대만인이자 중국인이라고 응답한 비율은 46.4%였다. 즉 1992년까지만 해도 대만인은 스스로를 대만인이라고 생각하는 비율보다 중국인이라고 생각하는 비율이 높았다. 그러나 이러한 인식은 1995년에 이르러 역전된다. 당시 조사에서 자신이 대만인이라는 응답은 25%로 중국인이라는 응답(20.7%)을 넘어섰다. 스스로를 대만인이자 중국인이라고 응답한 사람은 47%였다. 한편, 2023년 6월을 기준으로 볼 때, 자신이 대만인이라고 응답한 사람은 62.8%로 다수가 됐다. 반면, 자신이 중국인이라는 응답은 2.5%에 불과했다. 이 시기에 스스로를 대만인이자 중국인이라고 응답한 사람은 30.5%였다. 이상의 결과는 약 30년이라는 시간 동안 대만인은 스스로를 대만인으로 인식하는 정도가 45.2%나 증가했고, 중국인이라고 인식하는 정도가 23% 감소하는 등(政治大學選擧研究中心, 2023.07.12.a.) 대만인으로서의 정체성이 강화되었음을 보여준다.

〈표 7〉 대만인의 대만인/중국인 정체성 변화(단위: %)

구분	대만인	중국인	대만인이자 중국인
1992년	17.6%	25.5%	46.4%
2000년	39.6%	12.1%	44.1%
2010년	52.7%	3.9%	39.8%
2020년	64.3%	2.6%	29.9%
2023년 6월	62.8%	2.5%	30.5%

출처: 政治大學選擧研究中心(2023.07.12a.)

대만인의 정체성 변화는 대만인의 통일에 대한 인식 변화와 유사한 흐름을 보인다. 예컨대 1994년 통일을 원하는 대만인은 20%였고, 현상유지를 원하는 대만인은 48.3%, 독립을 원하는 대만인은 3.9%였다. 그러나 2023년 6월 기준으로 볼 때,

통일을 원하는 대만인은 7.4%였고, 현상유지를 원하는 대만인은 60.7%, 독립을 원하는 대만인은 25.9%로 나타났다. 약 30년이라는 시간 동안 대만인 중 독립을 원하는 사람의 비율은 22% 증가했고, 통일을 원하는 비율은 12.6% 감소했다. 같은 기간 현상유지를 원하는 대만인의 비율은 48.3%에서 60.7%로 12.4% 증가했다. 국립정치대학 선거연구센터의 2023년 6월 기준 조사는 〈글로벌 뷰스〉(Global Views)의 조사결과와 유사하다. 글로벌 뷰스가 2023년 10월 12일, 대만의 20세 이상 성인을 대상으로 진행한 여론조사에 따르면 대만인의 59.5%가 현상 유지를 지지했다. 구체적으로 27.6%는 현상 유지를 영구적으로 지지하며 31.9%는 현재는 현상 유지를 지지하지만 이후에 재평가하겠다고 응답했다. 25.2%는 대만 독립을 지지한다고 응답했고, 중국과의 통일 지지율은 8.5%로 나타났다(Thomson, 2023.10.25.). 이상의 결과는 지난 30년 동안 대만인은 대만인으로서의 정체성을 공고히 하면서 통일보다는 현상유지나 독립을 지향하는 성향이 강화되었음을 보여준다.

〈표 8〉 대만인의 통일/독립 인식(단위: %)

구분	통일		현상유지		독립	
	가능한 빨리 통일	현상유지 통일지향	지속적 현상유지	현상유지 추후결정	현상유지 독립추구	가능한 빨리 독립
1994년	4.4	15.6	9.8	38.5	8	3.1
2000년	2.0	17.4	19.2	29.5	11.6	3.1
2010년	1.2	9.0	25.4	35.9	16.2	6.1
2020년	1.0	5.6	25.8	28.8	25.8	6.6
2023년 6월	1.6	5.8	28.6	32.1	21.4	4.5

출처: 政治大學選擧硏究中心(2024.07.12b.)

한편, 대만중앙연구원(Academia Sinica)이 2023년 9월 14일부터 19일까지 대만 성인을 대상으로 진행한 '미국 초상화 프로젝트' 결과에 따르면, 대만인의 9.3%만 중국을 신뢰할 수 있는 국가라고 응답했고, 84%(동의하지 않음 26.4%, 매우 동의하지 않음 57.6%)는 중국을 신뢰하지 않는 국가라고 응답했다. 또한 응답자의 82.7%는 최근 몇 년간 중국의 위협이 증가했다고 인식했다(Chiang & Bernadette, 2023.11.21.). 최근 대만인의 중국인으로서의 정체성이 약화되고, 대만인으로서의 정체성이 강화되고 있는 상황, 중국과의 통일보다 현상유지나 독립에 대한 선호도가 높아지고 있는 상황은 중국에 대한 신뢰 하락과 중국의 위협이 나타나고 있는 상황과 무관해 보이지 않는다.

한국인의 통일 인식

서울대 통일평화연구원의 '2023 통일의식조사'에 따르면 2023년, 빨리 통일을 해야 한다는 인식은 16.8%, 여건이 되면 점진적으로 통일을 해야 한다는 인식은 45.2%로 나타났다. 즉 한국인 응답자의 62%가 통일이 필요하다는 인식을 보였다. 다만, 분단된 현재가 좋다는 인식은 28.2%, 통일에 관심이 없다는 인식은 9.9%로 통일에 대해 유보적이거나 부정적인 관점을 가진 응답자는 38.1%로 나타났다(김범수 외, 2023, 39쪽). 아울러 20대의 56.8%, 30대의 45%, 40대의 36.8%, 50대의 30.4%, 60대 이상의 28.1%가 통일에 대해 유보적이거나 부정적인 인식을 보였다(김범수 외, 2023, 221쪽). 이는 연령대가 낮을수록 통일에 대한 유보/부정적 인식이 강해지고 있음을 보여준다. 한편, 통일에 대한 긍정 인식은 2007년 81.2%, 2010년 76.9%, 2020년 71.8%, 2023년 62%로 감소하는 경향을 보였고, 통일에 대한 유보/부정적 인식은 2007년 18.8%, 2010년 23%, 2020년 28.2%, 2023년 38.1%로 증가하는 경향을 보였다(김범수 외,

2023. 39쪽). 이는 해를 더해갈수록 통일에 대해 유보/부정적 인식을 가진 한국인이 많아지고 있음을 보여준다.

〈표 9〉 한국인의 통일 인식(단위: %)

구분	통일 긍정		통일 유보/부정	
	어떠한 대가를 치르더라도 가능한 빨리 통일	여건이 성숙되면 점진적으로 통일	현재가 좋음	통일에 관심 별로 없음
2007년	10.6	70.6	11.8	7.0
2010년	10.0	66.9	16.1	6.9
2020년	3.9	12.3	55.6	21.4	6.8
2023년	3.0	13.8	45.2	28.2	9.9

출처: 김범수 외, 2023. 39쪽. 2019년 조사부터는 '어떠한 대가를 치르더라도 통일되는 것이 좋다', '가능한 빨리 통일되는 것이 좋다' 두 가지로 구분되어 조사됨.

한편, 한국인은 주변국 중 한반도 평화에 가장 위협적인 국가로 북한(45.8%)을 꼽고 있었다. 중국은 2위(36.8%), 일본은 3위 (8.3%), 러시아는 4위(4.6%), 미국은 5위(4.5%)였다(김범수 외, 2023. 316쪽). 아울러 응답자의 12.5%는 북한을 지원대상이라고 응답했고, 37.7%는 협력대상이라고 응답했으며, 7.5%는 선의의 경쟁대상이라고 응답했다. 반면, 23.7%는 경계대상이라 응답했고, 18.7%는 적대대상이라고 응답했다. 즉 응답자의 42.4%는 북한을 경계/적대대상, 즉 부정적으로 평가했다(김범수 외, 2023.

245쪽). 최근 한국인의 통일에 대한 유보/부정적 인식이 높아지고 있고, 특히 연령이 낮을수록 통일에 대한 유보/부정적 인식이 높아지고 있는 것은 북한이 한반도 평화를 위협하는 존재라는 인식이 높아지고 있는 상황과 무관해 보이지 않는다.

대만인의 정체성과 통일 인식이 주는 함의

대만은 동북아의 화약고다. 2016년 5월 20일, 민주진보당(民主進步黨) 차이잉원(蔡英文) 정권이 들어선 후 중국은 기회가 있을 때마다 하나의 중국을 강조하며, 대만 침공에 대한 의지를 표명해왔다. 중국의 대만 침공에 대한 우려의 목소리가 커질수록 상대적으로 친중적인 행보(혹은 탈중국 반대 행보)를 보여 온 중국국민당(中國國民黨)의 선호도가 높아질 수 있는 상황이었다. 그러나 2024년 1월 13일, 제16대 총통 선거에서 대만의 독자성을 강조하며 친미, 탈중국이라는 외교적 기조를 가진 민주진보당의 라이칭더(賴清德) 후보가 총통에 당선됐다. 상당수의 언론은 "전쟁에 대한 두려움보다 중국 거부감이 더 컸다"며 라이칭더 후보의 당선을 평가했다(최현준, 2024.01.14.). 대만에 대한 중국의 적대적 정책과 위협이 오히려 대만인으로 하여금 대만인으로

서의 정체성을 강화시키고, 중국에 대한 거부감을 높이는 요인
이 되었다는 것이다. 같은 맥락에서 이는 한국에 대한 북한의
적대적 정책과 위협, 북한을 고립시키는 방식의 한국의 정책은
상호 협력과 통일에 대한 움직임을 더디게 만들 수 있다는 점
을 예측하게 한다.

대만의 인간개발 지수와 성 불평등 지수

인간개발 지수 세계 19위(비공식), 성 불평등 지수 세계 7위

인간개발 지수와 성 불평등 지수

UN 개발 계획(UNDP: United Nations Development Programme)은 "유엔의 개발활동 조정 중앙기구"로 "전 세계 170여 개 국가 및 영토에서 국가의 빈곤퇴치와 불평등 감소"를 돕기 위해 설립됐다. "UNDP의 핵심 업무 분야는 지속 가능한 개발, 민주적 거버넌스 및 평화구축, 기후변화 및 재해 회복력"이다(UNDP서울정책센터, 2024.01.25).

UN 개발 계획은 1990년부터 "국가의 보건과 교육, 삶의 질을 측정"하는 인간개발 지수(Human Development Index)를 발표하고 있다(UNDP서울정책센터, 2022.10.03.). 2021/22 인간개발 지수(Human Development Index: 2021/22)가 담긴 보고서(Human Development Report)는 2022년 9월 8일에 발표됐다(UNDP, 2022). 인간개발 보고서에 따르면 인간개발 지수는 0에서 1의 값을 가

진다. 구체적으로 0.550 미만은 '낮은 인간 발달', 0.550-0.669는 '중간 인간 발달', 0.700-0.799는 '높은 인간 발달', 0.800 이상은 '매우 높은 인간 발달'로 규정한다(UNDP, 2022, 267쪽).

2021/22 보고서에서 조사 대상이 된 국가는 191개국이다. '매우 높은' 인간 발달 구간에 있는 국가는 66개국(HDI 평균 0.896, 평균 기대 수명은 78.5세, 예산 교육 기간은 16.5년, 평균 교육 기간은 12.3년, 1인당 국민 총소득은 43,752달러)이고, '높은' 인간 발달 구간에 있는 국가는 49개국(HDI 평균 0.754, 평균 기대 수명은 74.7세, 예산 교육 기간은 14.2년, 평균 교육 기간은 8.3년, 1인당 국민 총소득은 15,167달러)이다. '중간' 인간 발달 구간에 있는 국가는 44개국이고(HDI 평균 0.636, 평균 기대 수명은 67.4세, 예산 교육 기간은 11.9년, 평균 교육 기간은 6.9년, 1인당 국민 총소득은 6,353달러), '낮은' 인간 발달 구간에 있는 국가는 32개국(HDI 평균 0.518, 평균 기대 수명은 61.3세, 예산 교육 기간은 9.5년, 평균 교육 기간은 4.9년, 1인당 국민 총소득은 3,009달러)으로 조사됐다(UNDP, 2022, 272-275쪽).

한편, 인간개발 지수와 함께 UN 개발 계획(UNDP)에서 제시하는 지표 중 하나인 성 불평등 지수(Gender Inequality Index)는 성별에 따른 불평등 상황을 종합적으로 측정한 지표로, 점수가 낮을수록 여성과 남성 사이의 불평등이 낮다고 평가된다. 성 불평등 지수는 생식 건강, 권한 부여와 노동 시장 등 3가지 측면에서 성별에 따른 불평등이 있는지를 반영한다. 구체적으로 산모 사망률, 청소년 출생률, 여성의 국회 의석 점유율, 성별에 따른 중등교육 받은 인구, 성별에 따른 노동 참가율 등을 조사한다(UNDP, 2024.01.25. 검색).

대만의 인간개발 지수와 성 불평등 지수

대만은 UN가입국이 아니기 때문에 인간개발 지수 공식에 근거하여 대만 행정원 주계총처(行政院主計總處, 한국의 통계청에 해당)에서 자체적으로 인간개발 지수를 조사하여 발표하고 있다. 대만 행정원 주계총처(行政院主計總處, 2022.10.14.)에 따르면 대만의 인간개발 지수는 2019년 0.916점, 2020년 0.923점, 2021년 0.926점으로 코로나 팬데믹 기간에도 꾸준히 증가했다. 구체적으로 대만은 예상 교육 기간과 평균 교육 기간이 소폭이지만 지속적으로 증가했고, 구매력 기준 1인당 국민총소득은 3년간 5,422달러나 높아졌다. 2021년 대만의 인간개발 지수 순위는 19위로 0.925점을 받은 한국(20위)과 일본(20위)에 비해 한 단계 높은 수준이었다.

<표 10> 대만의 인간개발 지수(비공식 자체 조사)

구분	2021년	2020년	2019년
인간개발 지수(HDI)	0.926	0.923	0.916
평균 기대 수명	80.9	81.3	80.9
예상 교육 기간	16.8	16.6	16.5
평균 교육 기간	12.5	12.4	12.3
1인당 국민총소득(PPP)	58,047달러	54,617달러	52,625달러
인간개발지수 순위	19위	-	23위
등급	매우 높은 인간개발	매우 높은 인간개발	매우 높은 인간개발

출처: 行政院主計總處(2022.10.14.). 대만은 UN 미가입국으로 자체 조사 결과임.

한편, 대만은 2023년에 조사된 2021년 기준 자체 성 불평등 지수(Gender Inequality Index) 조사에서 아시아 1위, 세계 7위를 기록했다. 성 불평등 지수가 0에 가까울수록 평등한 국가로 볼 수 있기에 대만의 성 불평등 지수(GII) 0.036점은 대만 사회가 성 평등을 비교적 잘 구현하고 있는 국가임을 보여준다. 구체적으로 대만의 10만 명당 산모 사망자는 10명이었고, 15-19세 여성 1,000명당 청소년 출산율은 3.4%였다. 그리고 대만의 입법원(국회) 의석 점유율은 42%였고, 25세 이상 연령 중 중등교육을 받은 인구는 남성이 91.7%, 여성이 83.7%로 나타났다. 그리고 15세 이상 연령의 노동 참가율은 남성이 66.9%, 여성이

51.5%로 나타났다(行政院性別等會, 2023). 대만의 2023년 조사결과는 2022년 조사결과에 비해 0.009점 상승했다. 특히 여성의 입법원(국회) 의석 점유율은 2.2% 상승했고, 중등교육을 받은 여성 인구는 1.3%, 노동 참가율은 0.1% 상승했으며, 청소년 출산율이 0.6% 감소하는 등 전 지표가 고르게 좋아졌다. 한편, 대만의 〈타이완 투데이〉(Taiwan Today, 2023.08.17.)는 대만 경제부(經濟部, MOEA: Ministry of Economic Affairs, R.O.C.)의 통계를 인용해 대만 사업주 중 여성의 비율은 37%, 중소기업의 여성 대표 비율

〈표 11〉 대만의 성 불평등 지수(Gender Inequality Index)(비공식 자체 조사)

구분		대만 2023년	대만 2022년
성 불평등 지수(GII)		0.036	0.045
산모 사망률(출생 10만 명당)		10	10
청소년 출산율(15~19세 여성 1000명당) %		3.4	4.0
입법원(국회) 의석 점유율(여성 비율) %		42	39.8
중등교육 받은 인구(25세 이상) %	남자	91.7	90.6
	여자	83.7	82.4
노동 참가율(15세 이상) %	남자	66.9	67.3
	여자	51.5	51.4
성 불평등 지수 순위		비공식 7위	비공식 6위

출처: 대만 행정원(行政院, 2023). 2023년 보고서는 2021년 기준, 2022년 보고서는 2019년 기준임. 대만은 UN 미가입국가로 행정원의 자체 통계임.

은 37.2%를 차지하는 등 여성의 경제 활동 참여가 점점 높아지고 있다며 대만의 성 평등 상황을 긍정적으로 평가한 바 있다.

동아시아 주요 국가의 인간개발 지수와 성 불평등 지수

동아시아 주요 국가의 인간개발 지수를 확인한 결과(대만 자체 조사 포함), 대만의 인간개발 지수는 0.926점으로 한국과 일본의 인간개발 지수 0.925점에 비해 약간 높았다. 대만과 한국, 일본의 인간개발 지수는 0.800점보다 높아 '매우 높은' 인간개발 지수로 분류됐다. 인간개발 지수 1위 국가인 스위스가 0.962점을 받았기에 동아시아 3국, 즉 대만, 한국, 일본의 인간개발 지수는 비교적 높은 수준이라는 점을 확인할 수 있다. 반면, 중국의 인간개발 지수는 0.768점으로 '높은' 인간개발 지수로 평가됐다.

동아시아 주요 국가의 인간개발 지수를 확인한 결과, 일본은 평균 기대 수명이 한국, 대만, 중국에 비해 높았고, 일본은 평균 교육 기간이 4개 국가 중 가장 높은 것으로 나타났다. 반면, 대만은 1인당 국민총소득(PPP)과 예상 교육 기간이 가장 높은 것으로 나타났다. 물론 이는 상대적인 차이에 불과한 것으로 사실상 대만, 한국, 일본 사이의 인간개발 지표에는 큰 차이가 나타나지 않았다.

<표 12> 동아시아 주요 국가의 인간개발 지수

구분	대만	한국	일본	중국	스위스
인간개발 지수 (HDI)	0.926	0.925	0.925	0.768	0.962
평균 기대 수명	80.9	83.7	84.8	78.2	84.0
예상 교육 기간	16.8	16.5	15.2	14.2	16.5
평균 교육 기간	12.5	12.5	13.4	7.6	13.9
1인당 국민 총소득(PPP)	58,047	44,501	42,274	17,504	66,933
인간개발지수 순위	19위(비공식)	19위(공식) 20위(비공식)	19위(공식) 20위(비공식)	79위(공식) 80위(비공식)	1위
등급	매우 높음	매우 높음	매우 높음	높음	매우 높음

출처: UNDP(2022), 272-273쪽, TBO Taiwan(2022.10.14.). 스위스는 인간개발 지수 1위 국가임.
대만은 UN 미가입국으로 행정원의 자체 통계임. 공식은 대만 제외 순위, 비공식은 대만 포함
순위임.

한편, 동아시아 주요 국가의 성 불평등 지수를 확인한 결과
(대만 자체 조사 포함), 대만의 성 불평등 지수(7위)는 한국(16위), 일
본(23위), 중국(49위)에 비해 높았다. 대만의 성 불평등 지수는
0.036점으로 아시아 1위며, 세계 1위인 덴마크(0.013점)에 근접
해 있는 것으로 확인됐다. 구체적으로 대만은 국회(입법원)의 여
성 진출 비율이 42.0%로 한국 19%, 일본 14.2%, 중국 24.9%

에 비해 압도적으로 높았다. 그리고 일본은 산모 사망률이 10만 명당 5명으로 대만(10명), 한국(11명), 중국(29명)에 비해 낮았고, 중등 교육을 받은 여성의 비율이 95.9%로 대만(83.7%), 한국(83.1%), 중국(78.3%)에 비해 높았다. 한국은 청소년 출산율이 2.2%로 일본(2.8%), 대만(3.4%), 중국(11%)에 비해 낮았다. 그리고 중국은 여성의 노동 참가율이 61.6%로 한국(53.4%), 일본(53.4%), 대만(51.5%)에 비해 높았다.

〈표 13〉 동아시아 주요 국가의 성 불평등 지수(Gender Inequality Index)

구분		대만	한국	일본	중국	덴마크
성 불평등 지수(GII)		0.036	0.067	0.083	0.192	0.013
산모 사망률(출생 10만 명당)		10	11	5	29	4
청소년 출산율(15~19세 여성 1000명당) %		3.4	2.2	2.9	11.0	1.9
국회 의석 점유율(여성 비율) %		42.0	19.0	14.2	24.9	39.7
중등 교육 받은 인구(25세 이상) %	남자	91.7	93.1	92.4	85.4	95.2
	여자	83.7	83.1	95.9	78.3	95.1
노동 참가율(15세 이상) %	남자	66.9	72.4	71.0	74.3	66.7
	여자	51.5	53.4	53.3	61.6	57.7
성 불평등 지수 순위		비공식 7위	공식 15위 비공식 16위	공식 22위 비공식 23위	공식 48위 비공식 49위	1위

출처: UNDP(2024.01.25.) 검색, 대만 행정원(行政院), 2023. 2021년 기준. 대만은 UN 미가입국가로 행정원의 자체 통계임. 공식은 대만 제외 순위, 비공식은 대만 포함 순위임.

인간개발 지수와 성 불평등 지수가 한국 사회에 주는 함의

한국의 인간개발 지수는 2020년 0.922점(22위), 2021년 0.925점(19위)으로 조사됐다. 그리고 성 불평등 지수는 2020년 0.064, 2021년 0.067로 나타났다. 이는 2021년 한국의 인간개발 지수가 전년에 비해 소폭 상승했으나 성 불평등 지수는 소폭 하락했음을 보여주는 결과다. 특히 2021년 한국의 인간개발 지수는 대만과 유사했으나(대만에 비해 0.001점 낮음), 성 불평등 지수는 0.031점 높았다. 한국의 인간개발 지수가 대만에 비해 약간 낮은 것은 구매력을 반영한 1인당 국민총소득이 낮았기 때문이었을 것으로 판단된다. 다만, 성 불평등 지수에서 한국은 여성의 국회(입법원) 점유율이 23%나 낮았다. 이 밖에 전체 사업주 가운데 여성이 차지하는 비율은 대만이 한국에 비해 0.2% 앞선 37%라는 통계(Taiwan Today, 2023.08.17.), 한국의 여성 고위공무원의 비율이 2021년 10.0%, 2022년 11.2%에 불과하다는 통계, 한국의 여성 공공기관 임원은 2021년 22.5%, 2022년 23.6%에 불과하다는 통계(이하나, 2023.09.19.)가 존재한다. 이는 한국의 성 불평등 지수를 높이기 위해선 여성의 고위직 임용을 선진국 수준으로 높이기 위한 적극적인 노력이 필요하다는 점을 예측할 수 있게 한다.

한편, UN 개발 계획(UNDP: United Nations Development Programme)
이 제공하는 '불평등 조정 인간개발 지수(IHDI)'를 확인한 결과,
인간개발 지수(HDI)에서 동일한 평가를 받았던 한국(0.925점, 19
위)과 일본(0.925점, 19위)의 IHDI에는 격차가 발생했다. 한국의
IHDI는 0.838점, 일본의 IHDI는 0.850점으로 나타났고, IHDI
를 기준으로 설정한 평가 순위에서 일본이 16위로 3순위 상승
한 반면, 한국은 21위로 2순위 떨어졌다. 이는 한국 사회가 여
성 불평등의 문제를 해결하기 위한 노력과 함께 건강, 교육, 소
득의 불평등 문제를 해결하기 위한 노력이 필요할 수 있음을 보
여준다. 특히 한국의 상위 1%는 15.7%의 부를 보유해, 일본의
13.1%에 비해 높은 수치를 보였다. 아울러 불평등 조정 교육
지수는 일본에 비해 0.030점, 불평등 조정 소득 지수의 경우 이
분야 1위인 아이슬란드에 비해 0.091점 낮았다. 교육, 소득 각
영역의 불평등의 문제를 해결하기 위한 노력이 한국 인간개발
지수의 성장을 이끌어낼 수 있을 것이라는 점을 예측할 수 있게
한다.

<표 14> 한국의 IHDI(불평등 조정 인간개발 지수)

구분	한국 IHDI	일본 IHDI	아이슬란드 IHDI
IHDI	0.838	0.850	0.915
인간불평등계수	9.3	7.9	4.6
불평등 조정 기대 수명 지수	0.952	0.972	0.945
불평등 조정 교육 지수	0.799	0.829	0.938
불평등 조정 소득 지수	0.773	0.761	0.864
보유 소득 지분: 가난한 40%	20.5	20.5	23.9
보유 소득 지분: 부유한 10%	20.4	26.4	22.1
보유 소득 지분: 부유한 1%	15.7	13.1	8.8
순위	21위	16위	1위

출처: UNDP, 2022, 281쪽. 아이슬란드는 불평등 조정 인간개발 지수 1위 국가임. 아이슬란드는 HDI 3위 국가임.

05

대만의 세계자유 지수

아시아 2위, 세계 18위

세계자유 지수

1941년에 설립된 국제인권단체 프리덤하우스(Freedom House)의 공식 홈페이지에 따르면, 프리덤하우스의 비전은 "모두가 자유로운 세상"이고, 미션은 "전 세계의 자유를 보호하고 확장하는 것"이다. 프리덤하우스는 "정치적 분열을 넘어 민주주의를 강화하고 인권을 보호하는 정책을 발전시키기 위한 노력"을 기울이고 있다. 한편, 프리덤하우스는 1972년 연례 연구인 자유에 관한 비교 연구(Comparative Study of Freedom)에서 시작된 '세계자유 지수(Freedom in the World)'를 매해 발표하고 있다. 프리덤하우스는 "정확한 데이터와 엄격한 분석이 자유의 침식을 밝히기 위해 필수적"이기에 해당 보고서를 출판한다고 밝히고 있다 (Freedom House, 2024.01.22.).

프리덤하우스의 세계자유 지수 2023년판은 2022년 1월 1

일부터 12월 31일까지 195개 국가, 15개 지역의 상황을 다뤘고, 2023년 3월 9일에 발표됐다. 프리덤하우스 세계자유 지수 2023의 방법론에 따르면, 이 보고서는 "학계, 싱크탱크, 인권 커뮤니티의 내외부 전문 자문가로 구성된 팀에 의해 매해 제작되는데, 2023년 버전에는 128명의 분석자와 40명의 고문이 참여했다." 세계자유 지수는 정치적 권리와 시민의 자유로 구분되어 측정된다. 구체적으로 정치적 권리(40점, 개별 문항 4점, 총 10개 문항)는 선거 과정(12점), 정치의 다원주의와 정치참여(16점), 정부 기능(12점)으로 평가되고, 시민의 자유(60점, 개별 문항 4점, 15개 문항)는 표현과 신념의 자유(16점), 결사와 조직의 권리(12점), 법치(16점), 개인의 자율성과 개인의 권리(16점) 등으로 평가된다. 세계자유 지수는 정치적 권리 점수와 개인적 점수를 고려해 '자유', '부분적 자유', '자유롭지 않음' 등 3개 영역으로 국가를 유형화한다(Freedom House, 2023c).

대만의 세계자유 지수

대만은 2021년부터 2023년까지 94점을 받았다. 2023년 보고서를 기준으로 볼 때, 대만은 정치적 권리 영역에서 38점, 시민의 자유 영역에서 56점을 취득했다. 구체적으로 정치적 권리 영역 중 선거 과정은 만점을 받았다. 그러나 정치적 다원주의는 1점이 감점됐다. 감점된 부분은 '국민의 정치적 선택이 정치권 외부 세력이나 정치 외적인 수단을 사용하는 정치세력의 지배로부터 자유로운가?' 영역인데, 보고서는 "중국은 허위정보 캠페인과 특정 언론 매체에 대한 영향력을 통해 대만 선거에 간섭"하고 있으며 "중국은 친중 정치인의 선거를 효과적으로 지원했다"고 비판했다(Freedom House, 2023a). 보고서에서 지적한 부분은 2024년 1월 13일 개최된 제16대 총통선거와 11대 입법위원 선거 당시에도 논란이 된 바 있다. 예컨대 미국의 VOA(Voice of America)의 '중국, 대만 선거 개입 강화'라는 기사에 따르면 "중국은 제1야당인 국민당이 선거에서 승리하도록 돕는 것을 목표"로 활동하고 있다. 중국은 "대만 사회의 분열을 야기하고 친중 관련 논의를 증폭시키도록 고안된 유튜브와 틱톡 허위정보 캠페인을 도구"로 활용하고 있으며 "대만 정치인(자치구장, 마을 지도자 등 556명)의 중국 방문(무료 여행)을 후원"했다(Yang, 2023.12.12.). 그리고 정부의 기능 측면은 1점 감점됐다. 감점된 부분은 '공직자 부패에 대한 보호 장치가 강력하고 효과적인지?'에 대한 것인데, 보고서는 "대만의 부패는 과거보다 훨씬 좋아졌으나 여전히 우려되는 부분"이 있다며 "최근 몇 년간

전, 현직 공무원에 대한 부패 혐의가 제기된 바 있다"고 지적했다. 특히 이 보고서는 2022년 11월에 육군 고위 간부가 중국 공작원으로 활동하던 전직 군인에게 뇌물 받은 사건 등을 지적했다(Freedom House, 2023a). 보고서에서 지적한 사건은 "대만 육군 대령이 퇴역 대만 장교였던 중국 요원으로부터 4년간 약 56만 대만 달러를 받은 사건"으로 "해당 대령이 중국 요원에게 뇌물을 받아 간첩행세를 했으며 항복을 약속하는 서한에 서명"하는 등의 행위를 하여 2022년 11월 22일, 국가안보침해혐의로 기소된 사건을 의미한다(Lee & Blanchard, 2022.11.22.).

한편, 시민의 자유 영역 중 표현과 신념의 자유는 만점을 받았다. 그러나 결사와 조직의 권리는 1점 감점됐다. 감점된 부분은 '노동조합 및 이와 유사한 전문직 단체나 노동 단체에 자유가 있는지?'에 대한 것인데, 보고서는 "대만의 노동조합은 독립적이며 노동자는 결사의 자유를 누리지만, 정부는 파업권을 엄격하게 규제하고 있다"며, 특히 "교사, 방위산업 종사자와 공무원의 파업을 금지하고 있다"고 지적했다. 아울러 "임시파견 업체를 통해 고용된 노동자는 단체 교섭을 조직하거나 참여할 수 없다"고 지적했다. 법치 영역은 1점 감점됐다. 감점된 부분은 '법률, 정책, 관행이 인구의 다양한 부문에 대한 평등한 대우를 보장하는가'에 대한 것인데, 보고서는 "원주민은 계속해서 사회적, 경제적 차별에 직면"해 있고, "여성이 고용 및 보상에서 차별을 받고 있다"고 지적했다. 다만, "대만 법이 고용 및 교육에서 성적 지향에 따른 차별을 금지"하고 있고, "홍콩의 박해를 피해 온 사람들에게 임시비자와 인도주의적 서비스를 제공"하고 있는 점 등은 긍정적으로 평가했다. 개인의 자율성과 권리 부분은 2점 감점됐다. 감점된 부분은 '개인이 국가나 비국가 행위자의 부당한 간섭 없이 재산을 소유하고 민간 기업을 설립할 권리를 행사할 수 있는지?'에 대한 부분, '개인은 기회의 평등과 경제적 착취로부터의 자유를 누리고 있는가?'에 대한 부분이었다(Freedom House, 2023a).

대만은 세계자유 지수에서 94점을 받아 조사 대상 195개국 가운데 18위를 차지했다. 모든 영역의 정량 지표가 높았다. 정치적 권리 영역에서 감점된 부분은 모두 중국의 선거 간섭과 중국의 정치 공작에 의한 문제와 같은 중국의 개입으로 초래된 것이었다. 한편, 대만은 시민의 자유 영역에서 표현과 신념의 자유가 완벽히 보장되고 있고, 성소수자의 권리 보장이 잘 이루어지고 있다고 평가받았다. 그러나 교사, 공무원 등 파업권에 규제가 있다는 점, 원주민과 여성에 대한 법적 차별이 여전히 존재한다는 점, 홍콩에서 박해를 피해 대만에 온 난민에게 임시비자와 인도주의적 서비스를 하고 있지만, 영주권 요청에 제한적인 모습을 보였다는 점 등을 부정적으로 평가받아 4점이 감점됐다. 4점의 감점은 대만이 세계 최고 수준의 자유 국가로 평가받지 못한 이유가 됐다.

〈표 15〉 대만의 2021-2023 세계자유 지수

구분	취득 점수				
	2023년			2022년	2021년
정치적 권리	선거 과정	12/12	38/40	38/40	38/40
	정치적 다원주의	15/16			
	정부 기능	11/12			
시민의 자유	표현과 신념의 자유	16/16	56/60	56/60	56/60
	결사와 조직의 권리	11/12			
	법치	15/16			
	개인 자율성과 권리	14/16			
총점			94/100	94/100	94/100

출처: Freedom House(2023a)

동아시아 주요국의 세계자유 지수

동아시아 주요국의 세계자유 지수를 살펴본 결과 일본은 96점(세계 11위)으로 가장 높은 점수를 받았다. 대만은 94점(세계 18

위)으로 2위였고, 한국은 83점(세계 56위)으로 3위를 기록했다. 일본, 대만, 한국 등 동아시아 3국은 '자유로운 국가'로 평가됐다. 그러나 중국은 9점, 북한은 3점으로 '자유롭지 않은 국가'로 평가됐다. 대만과 일본의 시민 자유 영역의 점수는 56점으로 같았다. 그러나 일본은 대만에 비해 정치적 권리가 2점 앞섰다. 대만과 일본이 동아시아 주요국 가운데 90점대의 높은 점수를 기록하여 자유 국가로 선정됐다면, 한국은 자유 국가로 선정되긴 했지만 80점대의 비교적 낮은 점수(대만에 비해 11점, 일본에 비해 13점 낮음)를 받았다. 중국과 북한은 정치적 권리가 전무했으며, 시민의 자유는 극도로 제한된 권위주의적 국가로 평가됐다.

보고서는 '일본'은 "정치적 권리와 시민의 자유가 일반적으로 잘 존중"되지만 "인종 및 성별에 따른 차별, 정부와 기업 부문 간의 부적절하게 긴밀한 관계 등이 눈에 띄는 문제"라고 지적했다(Freedom House, 2023d). 그리고 '대만'은 "활기차고 경쟁적인 민주주의 체계"를 갖추고 있으며 "시민의 자유에 대한 보호는 일반적으로 강력"하지만 "이주 노동자 착취에 대한 부적절한 보호 장치", "언론과 민주적 인프라에 영향을 미치려는 중국 정부의 노력"이 지속적인 우려 사항으로 지적됐다(Freedom

House, 2023a). 그리고 '한국'은 "시민의 자유는 일반적으로 존중"되지만, "소수자의 권리와 사회통합 문제로 인해 어려움"이 있고 "종북활동에 대한 법적 금지가 합법적인 정치 표현에 영향을 주며, 언론인은 남북관계 보도나 논평에 대해 정부의 압력을 받을 수 있다"고 지적됐다. 아울러 "부패와 여성혐오"가 지속적인 문제가 되고 있다고 지적됐다(Freedom House, 2023e). 또한 '중국'은 "최근 몇 년간 점점 더 억압적이 되어간다"며 "집권 공산당은 국가 관료, 언론, 온라인 연설, 종교 활동, 대학, 기업, 시민사회단체 등 생활과 통치의 모든 측면에 대한 통제를 강화"하고 있다고 평가됐다. 또한 정치적 반대세력, 독립적 비정부 기구, 인권운동가에 대한 탄압으로 중국의 시민사회가 쇠퇴했다고 지적됐다(Freedom House, 2023f). 마지막으로 '북한'은

〈표 16〉 동아시아 주요국 세계자유 지수

구분	취득 점수					
	대만	한국	일본	중국	북한	노르웨이 핀란드, 스웨덴
정치적 권리	38/40	33/40	40/40	−2/40	0/40	40/40
시민의 자유	56/60	50/60	56/60	11/60	3/60	60/60
총점	94/100	83/100	96/100	9/100	3/100	100/100
구분	Free	Free	Free	Not Free	Not Free	Free

출처: Freedom House(2023b). 노르웨이, 핀란드, 스웨덴은 해당 지수 1위 국가

"전체주의 독재 정권이 이끄는 일당독제 국가로, 심각한 인권 탄압이 정기적으로 자행"되고 있으며, "감시와 자의적인 체포와 구금이 흔하고 정치적 범죄에 대한 처벌이 엄격하다"고 지적됐다(Freedom House, 2023g).

대만의 세계자유 지수가 한국 사회에 주는 함의

한국은 2021년부터 2023년까지 꾸준히 83점(정치적 권리 33점, 시민의 자유 50점)을 기록했다. 이는 대만이 받은 94점에 비해 11점 정도 낮은 점수다. 대만과 비교할 때 한국은 선거 과정에서 1점, 개인 자율성과 권리 영역에서 1점이 부족했고, 결사와 조직의 권리는 같은 점수를 받았다. 양 국가는 오랜 권위주의 정권 시절을 거쳐 거의 유사한 시기에 평화적인 정권 교체(한국 1998년 2월 25일, 대만 2000년 5월 20일)를 이뤄낸 후 동아시아의 경쟁자로 민주주의와 경제성장을 이루어냈다. 대외적으로 대만은 중국과 갈등을 겪고 있고, 한국은 북한과 갈등을 겪고 있는 상황도 유사하다.

그러나 시작이 유사했음에도 현재 한국은 대만에 비해 상당히 낮은 세계자유 지수 점수를 기록하고 있다. 예컨대 한국의 세계자유 지수 평가항목 중 대만에 비해 상대적으로 더 저조한 영역은 법치(대만 대비 -3점), 표현과 신념의 자유(대만 대비 -2점), 정치적 다원주의(-2점), 정부 기능(-2점) 영역이었다. 구체적으로 세계자유 지수 보고서는 법치 영역에서 한국의 사법부는 일반적으로 "독립적이지만, 최근 몇 년간 시니어 판사들이 부패 스캔들에 휩싸였다"고 지적했고, "법적 절차는 대체로 공정하나 법원이 NSL(국가보안법) 사건에서 피고인에 대한 적법 절차와 공정성을 거부했다는 비난"을 받기도 했다며 민·형사 사건의 절차상 문제가 있다고 지적했으며, 표현과 신념의 자유 영역에서는 "명예훼손법이 징역형이나 벌금형을 허용하여 자기검열을 부추기고 있으며, 언론인들은 관리자와 정부 관료에 의한 정치적 간섭에 직면해 있다"고 평가했다. 그리고 MBC의 보도(이른바 바이든-날리면 사건 보도) 후의 MBC 대상 소송, MBC 기자에 대한 대통령 전용기 탑승 거부 사건 등에서 볼 때, "윤석열 정부의 모습은 언론의 비판이 보복으로 이어질 수 있음을 시사하고 있다"고 평가했다. 또한 정부의 기능 영역에서는 "윤석열 대통령이 부패 척결과 투명성 제고를 다짐"했지만, "잇따른 스캔들"이 나타나고 있다고도 평가했다(Freedom Hose, 2023b, 2023e). 이상의 평가는 한국의 세계자유 지수의 점수를 대만 이상으로 높여내기 위해선 정부가 부패 척결과 투명성 제고를 위해 보다 적극적인 노력을 기울여야 하고, 정부에 대한 비판(언론)에 관대해야 하며, 정부가 비판 언론에 대해 간섭하려고 해서는 안 된다는 점을 보여준다. 또한 국가보안법, 명예훼손법 등 표현의 자유를 제한할 가능성이 있는 조항 등에 대한 개정이 필요하다는 점, 난민, 성소수자 문제 등 소수자의 권리 보호와 사회통합을 위해 노력하고 있는 대만 사회처럼 한국 사회 역시 소수자 문제 해결을 위해 노력할 필요가 있음을 예측하게 한다.

〈표 17〉 대만과 한국의 2023 세계자유 지수

구분	취득 점수			
	대만 2023년		한국 2023년	
	구분	점수	구분	점수
정치적 권리	선거 과정	12/12	선거 과정	11/12
	정치적 다원주의	15/16	정치적 다원주의	13/16
	정부 기능	11/12	정부 기능	9/12
시민의 자유	표현과 신념의 자유	16/16	표현과 신념의 자유	14/16
	결사와 조직의 권리	11/12	결사와 조직의 권리	11/12
	법치	15/16	법치	12/16
	개인 자율성과 권리	14/16	개인 자율성과 권리	13/16
	총점 94점, 세계 18위		총점 83점, 세계 56위	

출처: Freedom House(2023b)

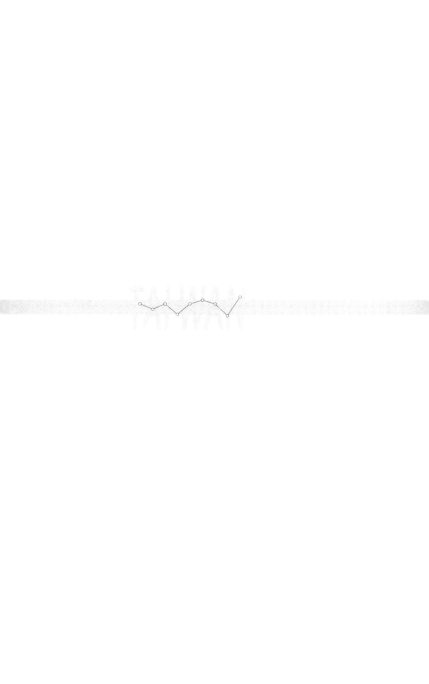

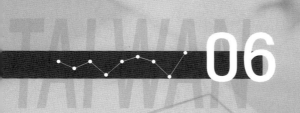

06

대만의 인간자유 지수

아시아 1위, 세계 12위

인간자유 지수

미국의 카토 연구소(Cato Institute)와 캐나다의 프레이저 연구소(Fraser Institute)는 2023년 11월 19일, 2023년판 인간자유 지수(HFI: Human Freedom Index)를 발표했다. 2023년판 보고서는 2021년 자료를 토대로 작성됐다. 카토 연구소 공식 홈페이지에 따르면 "인간자유 지수는 개인적, 시민적, 경제적 자유를 포괄하는 광범위한 척도를 기초로 전 세계 인간의 자유 상태"를 보여준다(Cato, 2024.01.23.). 인간자유 지수는 '법의 지배', '보안과 안전', '이동', '종교', '협회, 의회, 시민사회', '표현과 정보', '정부의 규모', '법률 시스템과 소유권', '건전 화폐', '국제무역의 자유', '규제' 등 12개 영역 86개 지표로 측정된다. 각 지표는 0-10점 척도로 구성된다. 0은 자유가 없는 상태를, 10은 완전한 자유를 의미해 10에 가까울수록 더 많은 자유가 있는 상태임을 확인할 수 있다. 인간자유 지수는 최근 조사(2021년)에서 165개 지역(관할권)에 대한 조사결과를 제시했다(Human Freedom Index, 2023, 3쪽). 2023년판 보고서에 따르면 "인간자유 지수 상위 4분위 지역은 다른 4분위 지역보다 훨씬 높은 1인당 평균 소득(47,421달러)을 기록했다. 4분위 지역 중 최하위 지역의 1인당 평균 소득은 14,157달러"였다. 한편, "인간자유 지수는 인간 자유와 민주주의 사이에 강한 관계"가 있다고 평가했다(Human Freedom Index, 2023, 4쪽). 이는 인간자유 지수의 중요성과 활용 가능성을 설명하는 부분이다.

대만의 인간자유 지수

대만의 인간자유 지수는 2021년 8.56점(12위), 2020년 8.56점(12위), 2019년 8.81점(14위)을 기록했다. 2000년 조사 당시의 점수는 8.31점(28위)이었고, 2010년 조사 당시의 점수는 8.58점(22위)이었다(Human Freedom Index, 2023, 342-343쪽). 2023년판 보고서에 실린 2021년의 인간자유 지수 결과에서 대만은 165개 국가 중 12위, 아시아 국가 중 1위를 기록했다. 대만이 취득한 8.56점은 세계 평균 6.75점을 크게 넘어서는 점수다(Taiwan

Today, 2023.12.20.). 구체적으로 개인의 자유 영역 중 종교의 자유는 9.9점, 보안 및 안전은 9.6점, 협회, 의회, 시민사회의 자유와 관계(동성 관계, 이혼, 상속권, 여성 할례)는 각각 9.4점이라는 매우 높은 점수를 기록했다. 표현과 정보의 자유 역시 8.7점으로 준수한 수준을 기록했다. 그러나 법의 지배와 이동의 자유는 8.0점으로 상대적으로 저조한 평가를 받았다. 법의 지배가 상대적으로 저조한 것은 프리덤하우스(Freedom House, 2023)의 세계자유지수 중 법치 영역에서 감점된 내용, 즉 "원주민은 계속해서 사회적, 경제적 차별에 직면"해 있고, "여성이 고용 및 보상에서 차별을 받고 있다"는 내용의 연장선, 즉 대만의 법치가 완전한 수준이 아니라는 측면에서 생각해 볼 수 있다. 그리고 이동의 자유는 코로나19 팬데믹과 관련된 여행의 제한 때문으로 볼 수 있다(Taipei Times, 2023.12.21.).

한편, 경제적 자유에서 건전 화폐는 9.6점으로 매우 좋은 평가를 받았지만 그 밖의 경제적 자유 점수는 7점대를 기록했다. 다만 경제적 자유 점수 중 9점을 넘은 국가는 존재하지 않았고, 8점을 넘은 국가도 9개 국가에 불과했다. 따라서 경제적 자유 점수 7.97점은 상대적인 측면에서 결코 낮은 점수라고 볼 수만은 없을 것이다. 특히 최근 국제사회 각 영역에서 사회복

<표 18> 대만과 한국의 인간자유 지수

구분	점수	대만 평균점수	한국 평균점수
개인적 자유	법의 지배(민사, 형사, 절차적 정의)	8.0	7.7
	보안 및 안전(살인, 실종, 갈등 테러 등)	9.6	9.7
	이동의 자유(해외여행/이민 자유, 남성/여성의 이동 자유, 이동/거주의 자유)	8.0	6.4
	종교(종교의 자유, 종교 탄압)	9.9	9.9
개인적 자유	협회, 의회, 시민사회(시민사회 진입/퇴출, 집회, 정당결성 자유, 시민사회 탄압)	9.4	8.5
	표현과 정보(언론에 대한 직접적 공격, 미디어와 표현(프리덤하우스) 등)	8.7	8.0
	관계(동성 관계, 이혼, 상속권, 여성 할례)	9.4	10
	평균 점수	8.98	8.58
	순위	12/165	26/165
경제적 자유	정부 규모(정부 소비, 정부 투자, 자산의 국가 소유권 등)	7.7	6.3
	법률 시스템과 소유권(사법 독립, 공정한 법원, 재산권 등)	7.3	6.9
	건전 화폐(자산성장, 인플레이션, 외환은행 계좌 등)	9.6	9.5
	국제무역의 자유(무역장벽, 암시장 환율 등)	7.6	7.4
	규제(신용시장 규제, 노동시장 규제, 경쟁의 자유 등)	7.7	7.3
	평균 점수	7.97	7.47
	순위	11/165	42/165

출처: Human Freedom Index(2023)

지가 중요해지고 있고, 이를 위해 정부의 개입이 적절하게 필요한 상황이기에 경제적 자유 점수가 평균적으로 낮은 부분은 어느 정도 이해가 될 수 있는 부분이라고 판단된다. 아울러 대만 제16대 총통선거와 제11대 입법위원 선거를 앞둔 2023년 12월 15일, 중국 상무부가 대만이 중국산 제품 2,455개 제품 수입을 금지한 것이 무역장벽에 해당한다고 발표(Chou & Hsu, 2023.12.15.)한 후 대만산 제품(12종)에 대한 관세 감면을 중단하기로 결정하는 등(위용성, 2023.12.21.) 외부 정치적 요인에 의해 국제무역 환경이 자유롭지 않은 측면도 분명히 존재하는 상황이다. 이러한 측면이 대만의 경제적 자유 점수를 다소 낮게 만든 원인이 되었을 것으로 판단된다.

동아시아 주요 국가의 인간자유 지수

동아시아 주요 국가의 인간자유 지수를 살펴본 결과 일본은 8.40점으로 세계 16위였다. 그리고 한국은 8.12점으로 세계 28위였다. 동아시아의 3개 국가, 즉 대만, 일본, 한국은 모두 인간자유 최상 등급의 국가로 분류됐다. 그러나 중국은 5.15점으로 165개 국가 가운데 149위에 머물렀다. 중국은 인간자유 최소 등급의 국가로 분류됐다. 참고로 인간자유 지수에서 세계 1위를 차지한 국가는 스위스로 9.01점(개인적 자유 9.39점, 경제적 자유

8.47점)을 받았다.

　동아시아의 인간자유 지수 순위는 프리덤하우스(Freedom House, 2023)의 세계자유 지수(Global Freedom Index)와 유사한 측면이 있다. 세계자유 지수에 의하면 일본(96점)과 대만(94점), 그리고 한국(83점) 등 동아시아 3국은 모두 자유로운 국가로 분류됐다. 그러나 일본과 대만 순위가 유사한 반면 한국은 이들 국가에 비해 점수가 10점 이상 낮은 것으로 조사됐다. 아울러 같은 조사에서 중국은 9점을 취득해 자유롭지 않은 국가로 분류되기도 했다. 한편, 인간자유 지수 순위에서는 대만이 일본에 비해 4순위(0.16점) 높았는데 세계자유 지수 순위에서는 일본이 대만에 비해 2점 높았다. 이러한 결과는 양 지수의 측정 항목의 차이에 기인하고 있다. 예컨대 인간자유 지수와 세계자유 지수 모두 개인적 자유(시민의 자유)를 측정하고 있지만, 인간자유 지수는 경제적 자유, 세계자유 지수는 정치적 권리를 각각 측정하고 있다. 결과적으로 양 지표에서 일본과 대만의 다른 순위는 대만이 일본에 비해 경제적으로 자유로운 국가라는 점, 일본이 대만에 비해 정치적 권리가 잘 보장되고 있는 국가라는 점을 예측하게 한다. 또한 동아시아의 경우 인간자유 지수와 세계자유 지수 등 각종 자유 관련 지수에서 대만과 일본이 상위권 순위를 다투고 있고, 한국은 상대적으로 대만, 일본에 뒤처져 있으며, 중국이 최하위권을 형성하고 있음을 보여준다.

〈표 19〉 동아시아 주요국의 인간자유 지수

구분	개인적 자유	경제적 자유	인간 자유	순위	등급
대만	8.98	7.97	8.56	12	자유 최상
한국	8.58	7.47	8.12	28	자유 최상
일본	8.83	7.79	8.40	16	자유 최상
중국	4.42	6.18	5.15	149	자유 최소
스위스	9.39	8.47	9.01	1	자유 최상

출처: Human Freedom Index(2023). 스위스는 인간자유 지수 1위 국가임. 북한은 이 조사의 대상에서 제외됨.

대만의 인간자유 지수가 한국 사회에 주는 함의

한국의 인간자유 지수는 2021년 8.12점(28위), 2020년 8.12점(27위), 2019년 8.31점(34위)을 기록했다. 2000년 조사 당시의 점수는 8.10점(36위)이었고, 2010년 조사 당시의 점수는 8.27점(37위)이었다(Human Freedom Index. 2023. 214-215쪽). 2021년 한국의 인간자유 지수는 2010년에 비해 떨어졌고, 순위는 20위대 후반에서 30위대를 오르내리는 상황임을 확인할 수 있다. 이 기간 동안 한국에서 몇 차례 정권교체가 이루어졌음에도 인간자유 지수에는 큰 차이가 있지 않았다.

2023년판 인간자유 지수의 세부 항목을 살펴보면, 개인적 자유 영역에서 한국은 대만에 비해 관계(10점), 보안 및 안전 점수(9.7점)가 높았고, 종교의 자유 영역(9.9점)은 한국과 같은 점수를 기록했다. 그러나 이동의 자유, 협회/의회/시민사회의 자유, 표현과 정보 영역은 대만에 비해 비교적 떨어지는 상황이었다. 이 가운데 협회, 의회, 시민사회의 자유와 표현과 정보 영역의 자유 영역에서 한국의 점수가 대만에 비해 낮다는 점은 아쉬움이 남는 부분이다. 정치인과 권력에 대한 비판의 자유 영역에서 한국이 대만에 비해 자유롭지 않은 상황이라고 판단될 여지가 있는 부분이기 때문이다. 결과적으로 인간자유 지수 중 개인적 자유를 대만 이상으로 높이기 위해 한국 사회는 언론에 대한 직접적 공격과 시민사회에 대한 탄압을 막고, 집회의 자유, 정당결성의 자유 등 정치적 표현의 자유를 확장하기 위한 노력을 기울일 필요가 있다고 판단된다.

한편, 한국의 경제적 자유 영역 중 건전 화폐에서 매우 높은 점수(9.5점)를 기록했고, 국제무역의 자유, 규제, 법률 시스템과 소유권 등에서는 대만과 비슷한 수준을 기록했다. 양국 간 가장 큰 차이(1.4점)가 나타나는 영역은 정부 규모(정부 소비, 정부 투자, 자산의 국가 소유권 등)였다. 이 수치는 한국 사회의 정부 지출 규모가 대만에 비해 크다는 측면에서 생각해 볼 수 있다. 예컨 대 시장조사 기관인 스태티스타(Statista)에 따르면 한국의 GDP 대비 정부 지출 규모는 2022년 28.68%, 2023년 25.32%(예측)로 나타났다. 반면, 대만의 GDP 대비 정부 지출 규모는 2022년 18%, 2023년 16.26%(예측)로 나타났다(statista. 2024.01.25. 검색). 이러한 수치는 한국 사회에서 복지에 대한 수요가 많아지고 있는 상황에서 어쩌면 자연스러운 결과일 수 있다고 판단된다. 다만, 국제무역의 자유 측면에서 한국은 중국과 분쟁을 겪고 있는 대만보다 더 낮은 점수를 기록했다. 이는 한국이 미국과의 관계 속에서 중국과 갈등을 겪고 있다는 측면에서 생각해 볼 수 있다. 미국과 중국의 패권전쟁, 무역전쟁이 심화되는 상황 속에서 "미국은 한국에 중국산 소재를 쓰지 말 것을 요구하고, 중국은 한국에 미국과의 기술제휴 배제를 강요"하는 상황에 놓여 있는 것이다(김광석. 2024.01.16.). 즉 한국은 대만과 마찬가지로 정치, 외교적 문제 해결이 국제무역의 자유도를 높일 수 있는 조건이 되는 구조적 상황에 놓여 있음을 보여준다.

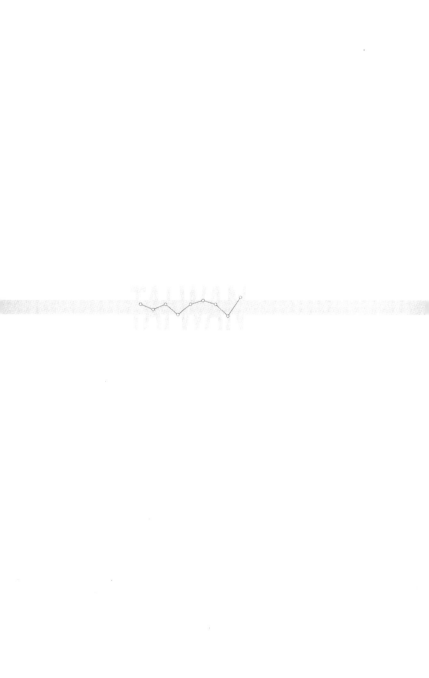

07

대만의 세계 언론자유 지수

아시아 1위, 세계 35위

세계 언론자유 지수

국경없는 기자회(RSF: Reporters sans frontières, 영문: Reporters Without Borders)의 공식 홈페이지에 의하면, 국경없는 기자회는 정보의 자유를 보호하고 증진하기 위해 1985년 프랑스에서 설립된 국제 비영리 단체다. 프랑스에 1개의 국제 본부가 있고, 세계 7곳(런던, 브뤼셀, 튀니스, 워싱턴DC, 리우데자네이루, 다카르, 타이페이)에 사무소를 갖추고 있다. 국경없는 기자회는 "언론인에 대한 학대와 모든 형태의 검열에 대해 매일 5개 언어로 소통함으로써 전 세계 언론자유의 상황에 대해 알리고 있다"(Reporters Without Borders, 2024.01.26.a.). 2002년부터는 세계 언론자유 지수(World Press Freedom Index)를 발표하고 있다.

국경없는 기자회의 세계 언론자유 지수는 0부터 100점으로 구성되며, 100은 최고 수준의 언론자유를, 0은 최악의 언론자유를 의미한다. 취득 점수를 기준으로 85-100점은 '좋음', 70-85점 미만 '만족', 55-70점 미만은 '어려운 상황', 40-55점 미만은 '매우 심각한 상황'을 의미한다. 세계 언론자유 지수는 정치적 지표, 경제적 지표, 법적 지표, 사회적 지표, 안전 지표 등 5가지 지표를 활용해 평가된다(Reporters Without Borders, 2024.01.26.b.).

구체적으로 정치적 지표는 "국가나 기타 정치 행위자의 정치적 압력에 대한 미디어의 자율성에 대한 지지와 존중의 정도" 등을 의미하며, 경제적 지표는 "정부 정책과 관련한 경제적 제약(언론 창설의 어려움, 국고보조금 할당의 편애, 부패 등)", "비국가 행위자(광고주 및 상업 파트너)와 관련된 경제적 제약" 등을 의미한다. 그리고 법적 지표는 "언론인과 미디어가 검열이나 사법적 제재, 표현의 자유에 관한 과도한 제약 없이 자유롭게 활동할 수 있는 정도" 등을 의미하며, 사회적 지표는 "성, 계급, 민족, 종교 등의 문제를 근거로 언론에 대한 폄하 및 공격으로 인한 사회적 제약" 등을 의미한다. 그리고 안전 지표는 "신체적 상해(살인, 폭력, 체포, 구금, 실종 및 납치 포함)", "위협, 강압, 희롱, 감시, 신상 털기 등으로 인해 발생할 수 있는 심리적 또는 정서적 고통" 등을 의미한다(Reporters Without Borders, 2024.01.26.b.).

한편, 2023년 5월 3일, 세계 언론자유의 날에 발표된 2023년 세계 언론자유 지수(World Press Freedom Index)에 따르면 조사 대상 180개 국가 중 52개 국가만 '좋음(8개 국가 4.4%)' 또는 '만족(44개 국가 24.4%)'으로 평가됐고, 55개 국가는 '문제 있음(30.6%)'으로 평가됐으며, 42개 국가는 '어려운 상황(23.3%)', 31개 국가는 '매우 심각한 상황(17.2%)'으로 평가됐다(Reporters Without Borders, 2023).

대만의 세계 언론자유 지수

대만의 세계 언론자유 지수는 2022년 74.08점에서 2023년 75.54점으로 소폭 상승했다. 2023년 지수는 아시아 1위, 세계 38위 수준이며, '만족할 만한 상태'로 평가됐다. 구체적으로 대만의 언론자유 지수 중 안전 지표는 92.06점(세계 13위)으로 '좋은 상태'였다. 그리고 법적 지표는 80.75점(세계 25위), 사회적 지표는 77.65점(세계 51위), 정치적 지표는 73.83점(세계 35위)으로 '만족할 만한 상태'였다. 그러나 경제적 지표는 53.40점(세계 55위)으로 상대적으로 낮은 평가를 받았다(Reporters Without Borders, 2023c).

한편, 국경없는 기자회의 대만 세계 언론자유 지수 평가는 긍정적이지만은 않았다. 대만은 "일반적으로 언론자유의 원칙을 존중하는 국가"이지만 "언론인들은 선정주의와 이윤 추구가 지배하는 매우 양극화된 언론 환경으로 고통" 받고 있다고 평가됐다. 구체적으로 국경없는 기자회는 정치적 영역에서 대만이 "극심한 정치적 양극화, 무분별한 광고, 선정주의, 이윤 추구로 인해 언론인의 활동이 방해받고 있으며, 시민들이 객관적인 정보에 접근하는 것이 방해"받고 있다고 평가했고, 법적 영역에서 "대부분의 전문직 종사자는 사주의 부당한 압박을 받으며 일하고, 비윤리적 요구를 거부하기 위해 법적 보호에 의존할 수 없는" 환경이라고 평가했다. 그리고 경제적 영역에서 대만은 "약 600개의 TV와 라디오 방송사를 갖춘 풍부한 미디어 환경을 갖추고 있다"고 평가됐고, 사회적 영역에서 "2022년 로이터 저널리즘 연구소의 조사결과, 민주주의 국가 중 언론에 대한 신뢰도가 27%에 불과해 아시아-태평양 지역에서 최하위를 기록했으며, 대만 언론의 구조적 취약성은 특히 중국 정권의 허위 정보 공격에 취약하다"고 평가됐다(Reporters Without Borders, 2023c). 국경없는 기자회 동아시아 사무국 세드릭 알비아니(Cedric Alviani) 지부장은 "대만은 훌륭한 민주주의 국가고, 언론자유 수준은 여전히 최상위 수준이라며, 미디어 환경에 몇 가지 변화(언론 매체 불신 해소를 위한 조치 등)가 적용된다면 대만이 훨씬 더 나은 결과를 얻을 수 있을 것"이라고 말했다(Shan, 2023.05.04., 재인용).

이처럼 국경없는 기자회는 대만의 언론 환경 자체는 자유롭지만, 언론사의 선정주의와 이윤추구로 언론사에 대한 신뢰도가 낮고, 언론인의 활동, 시민들의 알권리가 침해되고 있으며, 중국 정권의 허위 정보 공격에 취약하다는 점을 부정적으로 평가했다. 대만 사회의 언론자유가 아시아 최상위권으로 잘 보장되고 있지만 선정적 보도의 문제로 시민들의 신뢰를 잃어가고 있다는 평가는 황우넘과 이정기(2016)의 《대만 방송뉴스의 현실과 쟁점》이라는 책에서도 지적된 고질적 문제였다.

〈표 20〉 대만의 세계 언론자유 지수(2022-2023)

구분		2023년	2022년
순위/점수		35위/75.54점	38위/74.08점
세부 항목	정치적 지표	35위/73.83점	33위/74.78점
	경제적 지표	55위/53.40점	49위/51.88점
	법적 지표	25위/80.75점	40위/79.01점
	사회적 지표	51위/77.65점	57위/77.69점
	안전 지표	13위/92.06점	25위/87.02점

출처: Reporters Without Borders(2023)

동아시아 주요 국가의 세계 언론자유 지수

동아시아 주요 국가의 세계 언론자유 지수(2023)를 확인한 결과 대만은 75.54점(세계 35위)으로 가장 높았고, 한국은 70.83점으로 아시아에서 두 번째로 높았다. 두 국가의 언론자유는 '만족스러운 상태'였다. 일본은 63.95점(세계 68위)을 받아 '어려운 상태'를 기록했고, 중국은 22.97점(세계 179위), 북한은 21.72점(세계 180위)을 받아 '매우 심각한 상태'를 기록했다. 동아시아 주요 국가 중 '좋은 상태'를 기록한 국가는 존재하지 않았고, '만족스러운 상태' 역시 대만과 한국 등 2개 국가에 불과했다. 이는 동아시아 주요 국가들이 보다 자유로운 언론자유 환경 구축을 위해 노력할 필요가 있음을 보여준다. 특히 한국은 만족스러운 상태의 기준인 70점을 겨우 넘은 상태라 언론자유를 확장하기 위한 적극적 노력이 없다면 2024년 순위에서 '어려운 상태'를 기록할 우려가 있는 상황임을 확인할 수 있다. 적극적인 개선 노력이 필요해 보인다.

세계 최하위 수준의 언론자유 점수를 기록한 중국과 북한을 제외한 동아시아 3국의 언론자유 지수의 세부 항목을 살펴보면, 대만은 정치적 지표와 법적 지표, 안전 지표에서 한국, 일본에 비해 압도적으로 점수가 높았다(한국 대비 약 10점. 일본 대비 약 18

점). 그리고 대만과 한국의 사회적 지표는 일본에 비해 18점 이상 높은 수준이었고, 경제적 지표는 일본, 한국, 대만의 지표가 유사한 수준이었다. 이는 한국이 세계 언론자유 지수 중 정치적 지표와 법적 지표를 높이기 위한 노력을 기울여야 하며, 일본인 정치적 지표, 법적 지표, 사회적 지표 전반을 높이기 위한 노력을 기울일 필요가 있음을 예측하게 한다.

〈표 21〉 동아시아 주요 국가의 세계 언론자유 지수(2023)

구분		대만	한국	일본	중국	북한	노르웨이
순위/점수		35위/ 75.54점	47위/ 70.83점	68위/ 63.95점	179위/ 22.97점	180위/ 21.72점	1위/ 95.18점
상태		만족	만족	어려움	매우 심각함	매우 심각함	좋음
세부 항목	정치적 지표	35위/ 73.83점	54위/ 63.51점	83위/ 55.75점	178위/ 26.06점	177위/ 25.56점	1위/ 96.54점
	경제적 지표	55위/ 53.40점	48위/ 55.81점	47위/ 56.32점	167위/ 29.51점	178위/ 21.57점	1위/ 92.46점
	법적 지표	25위/ 80.75점	60위/ 70.03점	73위/ 66.39점	178위/ 17.36점	172위/ 22.64점	1위/ 94.92점
	사회적 지표	51위/ 77.65점	52위/ 77.53점	105위/ 59.32점	177위/ 17.07점	180위/ 4.60점	1위/ 95.98점
	안전 지표	13위/ 92.06점	34위/ 87.26점	60위/ 81.99점	173위/ 24.87점	156위/ 33.25점	3위/ 95.98점

출처: Reporters Without Borders(2023). 노르웨이는 언론자유 지수 1위 국가임.

대만의 세계 언론자유 지수가 한국 사회에 주는 함의

한국의 세계 언론자유 지수는 2022년 72.11점(세계 43위)에서 2023년 70.83점(세계 47위)으로 낮아졌다. 2022년 지수와 비교할 때 2023년 지수 중 경제적 지표(2022년 55.31점, 2023년 55.81점)와 안전 지표(2022년 81.50점, 2023년 87.26점)는 소폭 상승했으나 법적 지표(2022년 72.81점, 2023년 70.03점), 사회적 지표(2022년 79.80점, 2023년 77.53점)는 소폭, 정치적 지표(2022년 71.15점, 2023년 63.51점)는 대폭 하락했다(Reporters Without Borders, 2024.01.26d.). 아울러 한국의 2023년 지표는 대만의 2023년 지표와 비교할 때 정치적 지표가 10점가량 낮았고(한국 63.51점. 대만 73.83점), 법적 지표도 10점가량 낮았다(한국 70.03점, 대만 80.75점). 주목할 만한 점은 2019년(한국 75.06점(41위), 대만 75.02점(42위)), 2020년(한국 76.24점(43위). 대만 76.24점(44위)), 2021년(한국 76.58점(42위), 대만 76.14점(43위))까지만 해도 한국이 대만에 비해 세계 언론자유 지수 지표가 근소하지만 높게 평가됐다는 것이다. 윤석열 정부 출범 이후 한국의 세계 언론자유 지수가 대만에 뒤처졌고, 윤석열 정부 2년 동안 한국과 대만 사이의 격차가 점점 커지고 있다는 것(2022년 대만 74.08점, 한국 72.11점으로 1.97점 차이, 2023년 대만 75.54점,

한국 70.83점으로 4.71점 차이)은 윤석열 정부의 언론자유에 빨간불
이 켜졌음을 보여준다.

국경없는 기자회에 따르면 한국은 "언론자유와 다원성을 존
중하는 자유민주주의 국가이지만, 전통과 기업의 이해관계로
인해 언론인들이 감시자로서의 역할을 수행하는 데 방해"를 받
고 있다. 특히 2022년 대비 점수가 대폭 하락했고, 대만에 비해
10점 이상 점수가 낮은 정치적 지표에 대해 국경없는 기자회는
"공영방송의 고위 경영진 임명에서 정부가 우위를 점할 수 있
는 구조가 편집권 독립성을 위협할 수 있다"고 평가했고, 법적
지표에 대해 "명예훼손은 여전히 이론적으로 7년의 징역형에
처할 수 있고", "언론인이 북한 관련 민감한 정보를 유포했다는
이유로 국가보안법 위반으로 최대 7년의 징역형에 처할 수 있
다"는 문제가 있음을 지적했다. 아울러 전년 대비 2점 정도 점
수가 하락했고, 대만에 비해 약간 낮은 점수를 기록한 사회적
지표에 대해 "한국 언론은 정치인, 정부관료, 대기업의 압력에
직면"해 있으며, "지난 10년간 언론소송은 꾸준히 증가했다"고
평가했다(Reporters Without Borders, 2024.01.26d.).

이상의 결과는 세계 언론자유의 지수에서 '어려운 상황'으
로 하락할 위기에 봉착한 한국 사회의 언론자유 수준을 높이

기 위한 방법이 무엇이지에 대한 함의를 제시하고 있다. 한국은 공영방송 지배제도의 개선, 언론의 자유를 침해할 수 있는 법적 제도(명예훼손죄, 국가보안법 등)의 개선, 공인에 의한 언론소송 자제 등과 같은 법과 제도의 개선이 필요해 보인다. 무엇보다 국가의 행정을 총괄하는 윤석열 정부의 언론 인식의 개선이 선행되어야 언론자유 지수의 상승을 기대할 수 있을 것으로 판단된다.

대만의 행복 지수

아시아 4위, 세계 27위

유엔 산하 지속가능발전해법네트워크의 '세계행복보고서'

세계행복보고서(World Happiness Report)는 유엔(UN) 산하 지속가능발전해법네트워크(SDSN: Sustainable Development Solutions Network)가 매년 3월 20일 '세계 행복의 날(2012년 6월 28일 유엔 총회에서 결의안(66/281) 채택)'에 발표하는 보고서다. 이 보고서는 국내 총생산(GDP per Capita), 사회적 지원(Social Support), 건강기대수명(Healthy Life Expectancy), 삶을 선택할 자유(Freedom to make life choices), 포용성(Generosity), 부패지수(Perceptions of Corruption) 등 6개 지수를 기반으로 하고, 갤럽(Gallup World Poll)의 데이터를 활용하여 제시한다. 이 조사는 캔트릴 사다리(Cantril Ladder) 척도의 방식으로 응답자들에게 가장 행복한 삶을 10점, 가장 불행한 최악의 삶을 0점으로 생각하도록 요청하고, 그들의 현재 삶을 평가하는 방식으로 측정한다. 2023년 조사에서는 137개 국가를 대상으로 행복 지수를 측정한 결과를 제시했다. 세계행복 지수의 순위는 최근 3년간의 평균점수에 기반하고 있다. 이 보고서는 세계 시민의 행복 수준을 확인하고, 개인과 국가의 행복 수준의 차이를 확인할 수 있게 하는 역할을 한다(World Happiness Report, 2023a).

대만의 행복 지수

세계행복 지수 평가의 근거가 되는 국내 총생산(GDP)은 "국가가 생산한 재화의 양을 사람 수로 나눈 값"을 의미한다. 그리고 사회적 지지는 "곤경에 처했다면, 필요할 때마다 도움을 줄 수 있는 친척이나 친구가 있는지 여부"를 의미하며, 건강기대 수명은 "신체적, 정신적 건강"을 의미한다. 또한 삶을 선택할 자유는 "인생에서 무엇을 할지 선택할 수 있는 자유에 만족하는지"를 의미한다. 여기에는 "인종, 성별, 국적, 민족, 언어, 종교 또는 기타 지위에 관계없이 모든 인간에게 내재되어 있는 인권"도 포함된다. 아울러 포용성은 "지난달에 자선 단체에 돈을 기부한 적이 있는지"를 의미하고, 부패 지수는 "정부 전반에 부패가 만연한지", "기업 내에 부패가 만연한지"를 의미한다

(World Happiness Report, 2023b).

대만이 2023년 세계행복 지수에서 받은 점수는 6.535점으로 조사 대상 137개 국가 중 27위였다. 아시아에서는 이스라엘(4위, 7.473점), 싱가포르(25위, 6.587점), 아랍에미리트(26위, 6.571점)에 이은 4위로 평가됐다. 구체적으로 1인당 GDP의 경우 1.890점으로 상당히 높은 평가를 받았고, 사회적 지지(1.372점)와 삶을 선택할 자유(0.562점), 건강기대 수명(0.492점) 역시 비교적 높게 평가됐다. 그러나 포용성(0.067점)과 부패 지수(0.178점)는 비교적 낮게 평가됐다. 대만은 2022년 26위(6.512점), 2021년 24위(6.584점), 2020년 25위(6.455점)를 기록하는 등 꾸준히 세계 20위권의 성적을 기록했는데, 2017년 33위(6.422점)를 기록한 후 한번도 30위권 밖으로 떨어지지 않았다.

대만의 높은 행복 지수에 대해 한국 사회의 평가가 진행된 바 있다. 대만의 높은 행복 수준에 대해 허종호(2022)는 "물질적 생활수준의 향상: 높은 경제성장률", "사회적 지지의 상승: 성공적 코로나 방역으로 인한 정부 신뢰 상승", "자기 마음대로 삶을 선택할 자유의 증가: 사회 개혁을 통한 사회통합 및 자유 확대" 등 3가지를 원인으로 추정했다(허종호, 2022, 6쪽). 아울러 세계일보 이지민(2022.09.12.) 기자는 다른 사람의 눈치를 보지 않는 대만의 사회 분위기, 동성결혼 합법화와 같은 선진화된 법이 대만의 높은 행복 지수를 이끌어 냈다고 평가했다. 경제적 성장과 정부 신뢰, 사회개혁에 의한 자유로운 사회문화 형성이 대만의 높은 행복 지수를 이끌어 냈다는 것이다.

〈표 22〉 2023년 세계행복보고서 '대만'의
점수와 순위(2020-2022년 조사 결과)

구분	1인당 GDP	사회적 지지	건강기대수명	삶을 선택할 자유	포용성	부패 지수	순위(점수)
대만	1,890	1,372	0.492	0.562	0.067	0.178	27위(6,535점)

출처: Word Happiness Report(2023c)

동아시아 주요 국가의 행복 지수

대만과 인접해 있는 동아시아 국가의 행복 지수를 살펴본 결과 일본은 47위, 한국은 57위, 중국은 64위로 나타났다. 대만은 1인당 GDP 수준에서 한국과 일본을 넘어섰다. 그리고 대만과 일본은 한국에 비해 사회적 지지와 삶을 선택할 자유 정도가 높았고, 한국과 대만은 포용성이 일본에 비해 높았으며, 한국과 일본은 대만에 비해 건강기대 수명이 높았다. 그리고 일본은 한국과 대만에 비해 부패 지수가 높았다.

한국과 일본 등 한국과 인접해 있는 동아시아 3개 국가 가운데 대만은 1인당 GDP와 삶을 선택할 자유에서 1위를 차지했고, 사회적 지지는 2위(일본 1위), 부패 지수는 2위(일본 1위), 포용성은 2위(한국 1위)를 기록했다. 그리고 일본은 사회적 지지, 건강기대 수명, 부패 지수에서 1위를 차지했고, 삶을 선택할 자유는 2위(1위 대만), 1인당 GDP와 포용성은 최하위를 기록했다. 한국은 포용성 부분에서만 1위였고, 1인당 GDP는 2위(대만 1위), 건강기대 수명은 2위(일본 1위)를 차지했다. 사회적 지지와 삶을 선택할 자유, 부패 지수에서는 최하위를 기록했다.

한편, 세계행복 지수 1위 국가인 핀란드와 동아시아 3개 국가를 비교할 때, 핀란드는 부패지수 영역에서 동아시아 3개 국가와 점수 차이가 상당히 큰 1위였고(일본과 0.228점 차이), 삶을 선택할 자유 역시 대만보다 0.21점 큰 1위였다. 그러나 1인당 GDP(1위 대만)와 사회적 지지(2위 대만과 0.213점 차이), 건강기대 수명(1위 한국), 포용성(2위 한국과 0.014점 차이)에서는 큰 차이가 나타나지 않았다.

구분	1인당 GDP	사회적 지지	건강기대수명	삶을 선택 할 자유	포용성	부패 지수	2023년 순위(점수)
대만	1.890	1.372	0.492	0.562	0.067	0.178	27위(6.535점)
한국	1.853	1.188	0.603	0.446	0.112	0.163	57위(5.951점)
일본	1.825	1.396	0.622	0.556	0.009	0.207	47위(6.129점)
핀란드	1.888	1.585	0.535	0.772	0.126	0.535	1위(7.804점)

출처: Word Happiness Report(2023c). 중국은 최종 64위이나 2022년 데이터가 제외된 채 진행되어 비교 대상에서 제외함. 핀란드는 해당 지수 1위 국가

대만의 행복 지수가 한국 사회에 주는 함의

한국의 행복 지수는 2021년 62위(5.845점), 2022년 59위(5.935점), 2023년 57위(5.951점)로 소폭 상승하고 있다. 그러나 절대적인 점수를 기준으로 볼 때 한국은 최근 3년간 한 번도 6점을 넘는 점수를 받지 못했다. 한편, 한국의 2013년 순위는 41위(6.267점)로 42위인 대만(6.221점), 43위인 일본(6.064점)에 비해 높았다. 그러나 이후 10년 동안 한국의 점수는 6점대 이하로 하락했고, 등수는 60위대 초반, 50위대 후반의 성적에 머물렀다. 반면, 2013년 한국보다 낮은 점수와 등수를 기록한 대만은 10년 동안 6점대 중반까지 점수가 향상됐고, 등수는 20위권대

로 진입했다. 2013년 이후 한국의 행복 지수가 떨어진 반면, 대만의 행복 지수는 향상된 것이다.

앞선 분석 내용을 살펴보면, 한국은 건강기대 수명, 포용성 등에서 대만보다 높은 점수를 기록했다. 1인당 GDP는 대만과 유사한 수준이었다. 이러한 상황임에도 대만과 격차(30위 차이, 0.584점)가 벌어진 이유는 삶을 선택할 자유, 부패 지수, 사회적 지지 영역에서 차이가 컸기 때문으로 보인다. 삶을 선택할 자유 영역과 부패 지수는 개인의 노력에 의해 높아질 수 있는 영역이 아니라 정치제도의 개선과 사회 개혁 입법, 인권 존중의 문화와 같은 제도적 노력이 필요한 영역이라고 볼 수 있다. 개인의 자유와 인권을 보장하기 위한 제도적 노력과 정부와 정치권에 대한 신뢰를 높이기 위한 노력이 선행될 때 한국의 삶을 선택할 자유와 부패 영역 점수가 향상될 수 있을 것으로 판단된다. 또한 한국 사회에 만연한 과도한 경쟁주의를 완화하고, 어려움에 처한 시민이 언제, 어디서나 사회적 도움을 얻을 수 있는 시스템을 구축하는 등 사회적 지지 수준을 높이기 위한 제도적 노력이 필요할 것으로 판단된다.

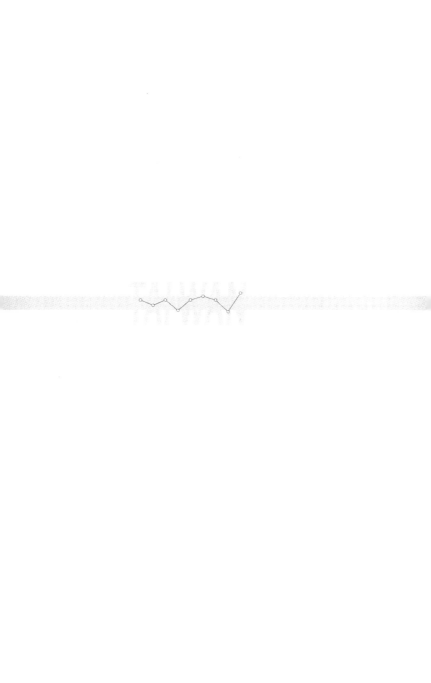

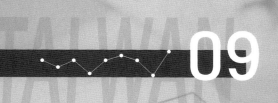

09

대만 거주 외국인들의 대만 생활 인식

아시아 2위, 세계 5위

인터네이션스의 익스팩트 인사이더(Expat Insider)

인터네이션스(InterNations)는 2007년에 설립된 최대 규모(회원 수 370만 명)의 글로벌 국외 거주자 네트워크다. 인터네이션스는 2014년부터 〈익스팩트 인사이더〉(Expat Insider)라는 보고서를 작성하고 있다. '외국인이 꼽은 살기 좋은 나라' 순위로 번역되어 한국에도 잘 알려진 이 보고서는 2023년 10년째를 맞이했다. 이 보고서 속 설문조사는 해외 생활과 취업에 관한 세계 최대 규모, 가장 많이 인용되는 설문조사로 알려져 있다. 2023년 조사에는 172개 국가나 지역에 거주하는 171개 국적 12,065명이 설문에 참여했다. 다만, 한 국가당 50명 이상이 응답한 53개국이 최종 분석 대상이 됐다. 이 보고서의 설문은 삶의 질, 정착 용이성, 해외취업, 개인 금융, 거주자 필수 사항 등 5가지 주제 지표(56개 변인)로 세분화되어 평가된다(Internations, 2023).

대만에 대한 외국인 거주자들의 대만 생활 인식

'외국인이 꼽은 살기 좋은 나라' 순위에서 2019년부터 2021년까지 3년 연속 1위를 기록한 대만은 2023년에는 조사 대상 53개국 중 5위(아시아 2위, 1위는 말레이시아(세계 4위))를 차지했다. 대만의 삶의 질은 세계 2위 수준으로 평가받았다. 구체적으로 삶의 질을 구성하는 세부항목 중 헬스케어는 1위, 여행과 대중교통은 3위, 안전과 보안 영역은 8위로 준수한 성적을 받았다. 해외취업은 9위로 평가받았다. 구체적으로 급여 및 직업 안정성이 3위로 높게 평가받았고, 노동문화와 만족도는 22위로 평범한 평가를 받았다. 정착 용이성은 17위로 평가받았다. 구체적으로 문화와 환영은 19위, 현지 친화성은 17위로 상대적으로 긍정적 평가를 받았다. 그러나 국외 거주자 필수품 영역은 22위로 아쉬운 평가를 받았다. 이 중 언어는 39위, 주거는 23위로 다소 평범한 평가를 받았다(Internations, 2023).

보고서의 대만 분석 리포트에 의하면, 78%의 대만 거주 외국인이 대만 생활에 만족한다고 답했다. 이는 세계 평균 72%에 비해 높은 것이었다. 대만은 2016년 이후 헬스케어 영역에서 늘 긍정적 평가(상위 5위 이내)를 받았다. 구체적으로 대만 의

료의 저렴한 가격에 대한 만족도는 91%(글로벌 평균 62%), 의료의 질에 대한 만족도는 86%(글로벌 평균 70%), 대만 의료 서비스의 접근성에 대한 만족도는 88%(글로벌 평균 65%)로 글로벌 평균을 크게 상회했다. 아울러 대만 여행자의 98%가 대만이 안전하다고 느끼고 있었으며(글로벌 평균 83%), 78%가 대만에서 환영

〈표 24〉 대만과 한국의 익스팩트 인사이더(Expat Insider)
2023년 평가 주요 항목

항목	대만(5위)	한국(50위)	일본(44위)	중국(26위)
삶의 질	2위	17위	12위	32위
여행과 대중교통	3위	2위	13위	6위
헬스케어	1위	2위	7위	40위
안전과 보안	8위	24위	25위	42위
정착 용이성	17위	49위	44위	25위
문화와 환영	19위	51위	47위	38위
현지 친화성	17위	48위	36위	25위
해외취업	9위	46위	49위	32위
노동문화와 만족도	22위	52위	53위	48위
급여 및 직업안정성	3위	21위	28위	16위
국외 거주자 필수품	22위	39위	52위	50위
디지털 라이프	15위	10위	46위	53위
주거	23위	36위	31위	19위
언어	39위	50위	53위	46위

받는다고 인식하고 있었다(글로벌 평균 67%). 다만, 비즈니스 문화의 유연성 문제(31% 부정 평가), 업무의 독립성 문제(40% 부정 평가), 일과 삶의 균형(31위), 현금 없는 결제의 어려움(45위), 언어 문제(39위) 등의 요소에 대한 평가가 상대적으로 부정적인 편이었다(Internations, 2023, 122-123쪽).

동아시아 주요 국가에 대한 외국인들의 생활 평가

2023년 평가에서 대만이 외국인이 살기 좋은 국가 5위로 평가된 반면, 일본(44위)과 한국(50위)은 하위 10개국으로 선정됐다. 그리고 중국은 26위로 조사 대상 국가 중 중간 정도의 위치로 평가됐다. 구체적으로 한국은 삶의 질(17위)을 구성하는 항목 전반(여행과 대중교통 2위, 헬스케어 2위)이 긍정적으로 평가됐다. 아울러 디지털 라이프(10위)와 급여 및 직업안정성(21위) 항목 역시 비교적 긍정적으로 평가됐다. 그러나 주거(36위)가 평균 이하로 평가됐고, 언어(50위)는 최하위 수준으로 평가받았다. 정착 용이성(49위)을 구성하는 항목과 해외취업(46위)을 구성하는 전 항목 역시 부정적으로 평가받았다(Internations, 2023). 이는 한국의 경우 외국인이 여행을 하기에는 적합한 국가로 평가되고 있으나 취업을 하거나 정착을 하기에는 어려움이 있는 국가로 평가되고 있음을 보여준다. 실제로 설문 응답자들은 한국 사회에서 일과 삶의 균형에 대해 불만족 정도가 높았다(Internations, 2023. 40쪽). 특히 한국은 2022년 40위에 비해 2023년 하락의 폭이 10위에 이를 정도로 컸기에 개선이 필요함을 예측하게 한다.

일본 역시 삶의 질(12위)을 구성하는 항목 전반(여행과 대중교통 13위, 헬스케어 7위)이 긍정적으로 평가됐다. 그러나 정착 용이성 (44위)을 구성하는 항목, 해외취업(49위)을 구성하는 항목, 국외 거주자 필수품(52위)을 구성하는 항목 전반이 최하위 수준으로 평가됐다(Internations, 2023). 특히 노동문화와 만족도(53위), 언어 (53위)는 최하위였고, 대만과 한국이 높은 평가를 받았던 디지털 라이프 역시 46위로 최하위 수준으로 평가됐다. 일본 역시 외국인이 여행하기에는 비교적 적합한 국가로 평가되나 외국인이 정착하여 살거나 취업을 하면서 살기에는 다소 어려움이 있는 국가로 평가되고 있었다. 다만, 일본의 순위는 2021년 54위, 2022년 47위, 2023년 44위로 해마다 순위가 상승하고 있었다.

중국의 경우 삶의 질(32위)이 중간 이하의 평가를 받았고, 특히 헬스케어(40위)와 안전과 보안(42위) 영역에서 부정적 평가를 받았지만, 여행과 대중교통(6위) 영역이 우수한 것으로 평가됐다. 아울러 정착 용이성(25위) 측면 역시 중간 정도의 수준으로 평가받았지만 한국과(49위), 일본(44위)에 비해서는 상대적으로 긍정적으로 평가받았고, 해외취업(32위) 영역은 중하위권 정도로 평가받았지만, 한국(46위), 일본(49위)에 비해 상대적으로 긍정적으로 평가받았다. 중국은 디지털 라이프 영역에서 최하위로 평가됐다(Internations, 2023). 중국은 외국인이 여행을 하는 것 자체는 용이할 수 있지만 안전의 문제가 있다는 점이 약점으로 평가됐고, 외국인에 대한 거부감이 비교적 낮은 편이라서 외국인이 정착하는 데는 큰 무리가 없지만 노동문화에 대한 만족도는 낮게 평가됐다.

〈표 25〉 대만과 인접 국가에 대한
익스팩트 인사이더(Expat Insider)의 평가 순위: 최근 3년간

구분	2023년	2022년	2021년	평균
대만	5위	3위	1위	3위
한국	50위	40위	47위	45위
일본	44위	47위	54위	48.3위
중국	26위	33위	22위	27위

InterNations의 3년간 보고서 요약 정리

대만의 익스팩트 인사이더 순위가 한국 사회에 주는 함의

문화체육관광부에 따르면 2022년 기준 외국인 관광객의 한국 재방문율(두 번 이상 방문한 관광객 비율)은 54%로 나타났다. 이는 2019년 58.3%, 2020년 64.7%에 비해 하락한 수치다. 재방문율 54%는 70% 이상의 재방문율을 보이는 관광대국과 비교할 때도 상대적으로 낮은 수준임을 확인할 수 있다(매일경제, 2023.06.04., 재인용). 이러한 문제 개선을 위해 '익스팩트 인사이더(Expat Insider)'의 순위, 즉 '외국인이 살기 좋은 나라'의 순위와 해당 조사에서 높은 성적을 받은 아시아권 국가인 대만의 사례를 참고할 수 있을 것으로 보인다. 대만은 한국에 비해 주거와 언어 사용의 문제에서 긍정적으로 평가받았다. 한국이 관광 콘텐츠를 다양화하는 것 외에도 숙박 시설, 대중교통(버스, 택시 등), 관광 안내시설 등에 외국인을 위한 외국어 서비스를 보완하는 것, 외국인을 위한 가성비 높은 숙박 시설을 구축하고, 안내하는 것 등이 외국인 관광객의 한국 재방문율을 높일 수 있는 방법이 될 수 있을 것으로 보인다.

한편, 통계청(2023)의 '한국의 사회동향 2023'에서 외국인 이민·노동자를 어느 정도까지 받아들일 수 있는지에 대해 질

문한 결과에 따르면 '직장동료'로 받아들일 수 있다는 의견은 2013년 29.4%에서 2022년 42.3%로 늘었지만, '이웃'으로 받아들일 수 있다는 의견은 2013년 44%에서 2022년 29.8%로 줄었고, '친한 친구'로 받아들일 수 있다는 의견은 2013년 14.5%에서 2023년 16.6%로 유사했으며, '배우자'로 받아들일 수 있다는 의견은 2.2%에서 1.3%로 줄었다. 외국인 이민, 노동자를 '받아들일 수 없다'는 의견은 2013년 9.8%에서 2023년 10%로 유사한 수준이었다. 이는 여전히 외국인 이민자, 노동자를 거부하거나 가까이에서 받아들이는 것을 꺼리는 한국인이 적지 않다는 점을 보여준다. '익스팩트 인사이더(Expat Insider)'의 순위에서도 한국은 대만, 중국은 물론 일본에 비해서도 정착 용이성을 구성하는 항목인 문화와 환영, 현지 친화성 등의 순위가 낮은 것으로 나타났다. 이러한 문제를 해결하기 위해선 한국 사회에 외국인과 이주민에 대한 포용성과 개방성, 다문화 감수성을 높이기 위한 노력과 외국인을 대상으로 서비스를 제공하는 관광 업계에 종사하는 사람들이 글로벌 매너를 함양할 수 있게 교육 기회를 제공하기 위한 노력이 필요해 보인다.

TAIWAN

10

대만의 국가경쟁력 지수

아시아 2위, 세계 6위

세계경쟁력 지수

스위스 국제경영개발원(IMD: International Institute for Management Development) 세계경쟁력센터(IMD World Competitiveness Center)가 발간하는 세계경쟁력 연감(IMD World Competitiveness Yearbook)은 1989년부터 매해 세계경쟁력순위(2023 IMD World Competitiveness Ranking)를 제시하고 있다. 2023년 조사는 64개 국가를 대상으로 경제적 성과, 정부 효율성, 기업 효율성, 하부구조 등 4개 영역에 대해 336개의 지표로 국가경쟁력을 조사했다(IMD, 2023a). IMD 세계경쟁력 지수는 "국가 경쟁력을 단순히 GDP나 생산력으로 규정짓지 않고, '장기적인 가치 창출을 달성하기 위한 역량 관리 능력'으로 인식하고 순위를 부여"한다(KISTEP, 2023).

대만의 국가경쟁력 지수

대만의 국가경쟁력은 세계 6위(93.11점)로 평가됐고, 인구 2천만 명 이상의 국가 중 1위로 평가됐다. 대만은 2019년 16위, 2020년 11위, 2021년 8위, 2022년 7위, 2023년 6위로 국가경쟁력 순위가 꾸준히 상승했다. 특히 대만은 2022년과 비교할 때 2023년 경제적 성과 전 항목과 공공재정을 제외한 정부 효율성 전 항목에서 등수가 떨어졌지만, 노동 시장을 제외한 기업 효율성 전 항목과 기술 인프라 환경의 순위가 상승했다. 한편, 대만은 세계경쟁력 지수를 측정하는 20개 영역 중 '국내 경제', '물가', '공공 재정', '세금 정책', '제도적 틀', '생산성 및 효율성', '재원', '경영 관행', '태도와 가치', '기술 인프라', '과학 인프라' 등 11개 항목에서 세계 10위 이내의 성과를 나타냈다. 또한 대만은 2022년 대비 2023년 국가 경쟁력 등수의 등, 하락과 무관하게 국가 경쟁력 총점이 93.1점대로 거의 같은 수준을 유지했다(IMD, 2023b).

RTI(Radio Taiwan International: 中央廣播電臺, 2023.06.20.)는 "대만 정부가 다양한 카테고리에서 대만의 강점과 약점을 분석하고 비슷한 수준의 발전을 가진 타 국가와 비교할 것"이며, "결과와 순위는 전반적인 경쟁력을 향상시키기 위한 실행전략을 수립하는 데 도움이 될 것"이라고 밝혔다(Chian, 2023.06.20.). 그리고 대만의 디지털부(Moda: Ministry of Digital Affairs)는 "IMD 보고서를 고려하여 지식, 기술, 미래 준비와 같은 차원에서 디지털 개발에 대한 대만의 강점과 과제를 평가할 것"이라고 밝혔다(Moda, 2023.11.30.).

〈표 26〉 대만과 한국의 국가경쟁력 지수 2022–2023

구분		대만		한국	
		2023년	2022년	2023년	2022년
국가경쟁력		93.11점/6위	93.13점/7위	75.54점/28위	75.56점/27위
국가경쟁력	국내 경제	09위 ↓	04위	11위 ↑	12위
	국제 무역	45위 ↓	33위	42위 ↓	30위
	국제 투자	37위 ↓	29위	32위 ↑	37위
	고용	35위 ↓	28위	04위 ↑	06위
	물가	10위 ↑	17위	41위 ↑	49위
정부 효율성	공공 재정	06위 ↑	10위	40위 ↓	32위
	세금 정책	07위 ↓	06위	26위 ↑	26위
	제도적 틀	10위 ↓	08위	33위 ↓	31위
	사업 법규	22위 ↓	21위	53위 ↓	48위
	사회적 틀	17위 ↓	15위	33위 ↑	35위

구분		대만		한국	
		2023년	2022년	2023년	2022년
기업 효율성	생산성 및 효율성	07위 ↑	08위	41위 ↓	36위
	노동 시장	25위 ↓	17위	39위 ↑	42위
	재원	06위 ↑	08위	36위 ↓	33위
	경영 관행	03위 ↑	05위	35위 ↑	38위
	태도와 가치	07위 ↑	09위	18위 ↑	23위
하부구조	기본 인프라	37위 −	37위	23위 ↓	16위
	기술 인프라	08위 ↑	09위	23위 ↓	19위
	과학 인프라	05위 ↑	06위	02위 ↑	03위
	건강과 환경	24위 ↓	26위	29위 ↓	31위
	교육	17위 ↓	16위	26위 ↓	29위

출처: IMD(2023b), IMD(2022)

동아시아 주요 국가의 국가경쟁력 지수

2023년 세계경쟁력 지수 순위를 살펴보면 대만(93.11점)은 아시아 국가 중 싱가포르(97.44점)에 이어 2위를 기록했고, 동아시아 국가 중에서는 1위를 기록했다. 동아시아 국가 중 대만은 유일하게 경쟁력 순위가 꾸준히 상승하고 있고, 한국과 일본, 중국은 하락세에 있음을 확인할 수 있다. 구체적으로 대만은 2021년부터 2023년까지 꾸준히 세계 10위권(2021년 8위, 2022년

7위, 2023년 6위)의 높은 국가경쟁력 순위를 기록했다. 그리고 중국은 2021년 국가경쟁력 점수가 83.03점(16위)으로 최고 평가를 받은 뒤 꾸준히 점수와 순위가 하락하여 2023년에는 82.10점(21위)에 머물렀다. 한국은 2023년 75.48점으로 국가경쟁력 순위 28위를 기록했으나 2021년 이후 국가경쟁력 점수와 순위가 소폭 하락했고, 일본은 2023년 67.84점으로 국가경쟁력 순위 35위를 기록했지만, 2021년 이후 국가경쟁력 순위가 꾸준히 떨어지고 있음을 확인할 수 있다.

〈표 27〉 동아시아 주요 국가의 세계경쟁력 지수 2022-2023

국가경쟁력	대만	한국	일본	중국	덴마크
2023년 순위/점수	6위/93.11점	28위/75.48점	35위/67.84점	21위/82.10점	1위/100점
2022년 순위/점수	7위/93.13점	27위/75.56점	34위/66.62점	17위/83.89점	1위/100점
2021년 순위/점수	8위/92.60점	23위/76.83점	31위/69.07점	16위/83.03점	3위/96.67점

출처: IMD(2023b), IMD(2022), IMD(2021)

대만의 국가경쟁력 순위가 한국 사회에 주는 함의

한국의 2023년 IMD 국가경쟁력 순위는 조사 대상 64개 국가 중 28위로 평가됐다. 2023년 기준 인구 2천만 명 이상의 국가 중에서는 9위였다. 동아시아 주요 국가 중에는 대만, 중국에 이은 3위였다. 한국의 국가경쟁력 순위에서 확인할 수 있는 가시적 문제는 2021년 76.83점(23위)에서 2022년 75.56점(27위), 2023년 75.48점(28위)까지 최근 3년간 국가경쟁력 점수와 순위가 꾸준히 떨어지고 있다는 것이다. 이는 꾸준히 점수와 순위가 상승하고 있는 대만과 대조적인 부분이다. 특히 한국은 경제적 성과 중 국제 무역 순위(-12위)가 떨어졌고, 정부 효율성 중 공공재정(-8위), 제도적 틀(-2위), 사업 법규(-5위) 순위가 떨어졌으며, 기업 효율성 중 생산성 및 효율성(-5위) 순위가 떨어졌고, 기본 인프라(-7위), 기술 인프라(-4위) 순위가 떨어졌다. 2023년 조사 항목 중 세계 10위 이내의 항목은 고용(6위), 과학 인프라(3위) 등 2개 영역에 불과했다. 이는 세계 10위 이내의 항목이 11개에 이르는 대만에 비해 다소 아쉬운 부분이라고 할 수 있다.

한국 정부(기획재정부)는 "어려운 대내외 여건 속에서도 경제 성과 순위가 역대 최고로 상승했고, 기업 관련 부문 지표의 순위도 전반적으로 올랐다"고 평가했다. 다만 "정부 효율성의 순위가 하락하는 추세인 만큼 재정 준칙 입법화를 비롯한 건전 재정 노력"을 기울일 것이라고 밝혔다(대한민국 정책브리핑, 2023.06.20.). 한국 정부의 현실 인식에 대한 평가는 차치하고, 자체적으로 국가경쟁력 순위를 높이기 위한 방법을 찾기 시작했다는 점은 고무적인 일이라고 판단된다. 그러나 한국의 국가경쟁력 문제는 비단 정부 효율성과 경제 기초 체력만의 문제에 한정되지는 않을 것이다. 대만은 한국에 비해 고용을 제외한 경제적 성과 전 영역, 정부 효율성 전 영역, 기업 효율성 전 영역, 기본 인프라와 과학 인프라를 제외한 하부구조 전 영역에서 좋은 평가를 받았다. 매해 국가경쟁력 지수가 꾸준히 상승하고 있는 국가이기도 하다. IMD 보고서에 근거하여 자국의 강점과 과제를 평가한다(Moda, 2023.11.30.)는 대만 사례에서 국가경쟁력 지수를 높이기 위한 방법을 모색해 보는 것은 어떨까.

참고문헌

서문 _____

국가통계지표. 2023.03.08. 〈실업률〉. https://www.index.go.kr/unify/
    idx-info.do?idxCd=8009

보건복지부. 2023.09.21. 〈2022년 자살률(인구 10만 명당 명) 25.2
    명, 전년 대비 0.8명(3.2%) 감소〉. https://www.mohw.go.kr/
    board.es?mid=a10503010100&bid=0027&act=view&list_
    no=378331&tag=&nPage=30

한국경영자총협회. 2024.01.22. 〈6대 국가첨단전략산업 수출시장 점유
    율 분석 및 시사점〉.《서울: 경영자총협회》. https://www.kefplaza.
    com/web/pages/gc38139a.do?bbsFlag=View&bbsId=0009&nttI
    d=164&pageIndex=1&searchCnd=0&searchWrd=

황우념·이정기. 2016.《대만 방송 뉴스의 현실과 쟁점》. 커뮤니케이션
    북스.

Freedom House. 2023. Internet Freedom 2023. https://freedomhouse.
    org/explore-the-map?type=fotn&year=2023&status[not-
    free]=not-free

IMD. 2023a. "World Digital Competitiveness Ranking 2023". https://

www.imd.org/centers/wcc/world-competitiveness-center/
rankings/world-digital-competitiveness-ranking/

IMD. 2023b. "Sustainable Trade Index". https://www.imd.org/centers/
wcc/world-competitiveness-center/rankings/sustainable-trade-
index/#Results

Kim, K. M. 2023.05.01. "Korea overtaken by Taiwan in per capita
GDP due to export slump". 〈The Korea Times〉. https://www.
koreatimes.co.kr/www/biz/2024/01/602_350136.html

KOSIS. 2024. 〈주요 인구지표〉. https://kosis.kr/statHtml/statHtml.do?
orgId=101&tblId=DT_1BPA002&checkFlag=N

KOSIS. 2023.09.25. 국토면적. https://kosis.kr/statHtml/statHtml.
do?orgId=101&conn_path=I2&tblId=DT_2KAA101

KOTRA. 2023. 〈바이어 인터뷰를 통해 본 대만 영유아 제품 시장〉.
《해외시장뉴스》. https://dream.kotra.or.kr/kotranews/cms/
news/actionKotraBoardDetail.do?SITE_NO=3&MENU_
ID=110&CONTENTS_NO=1&bbsGbn=245&bbsSn=245&p
NttSn=200733

OCAC. 2023.04.29. "Taiwan tops South Korea in 2022 GDP per capita
1st time in nearly 2 decades". Overseas Compatriot Student
Counseling. https://www.ocac.gov.tw/OCAC/Eng/Pages/Detail.
aspx?nodeid=329&pid=52858186

Statista. 2024a. "Mortality rate for suicide in Taiwan from 2010 to 2022(per 100,000 population)". https://www.statista.com/statistics/860970/taiwan-suicide-mortality-rate/

Statista. 2024b. "Population density in Taiwan from 2000 to 2023". https://www.statista.com/statistics/319800/taiwan-population-density/

Statista. 2023. "Monthly unemployment rate in Taiwan from November 2021 to November 2023". https://www.statista.com/statistics/1291714/taiwan-monthly-unemployment-rate/

Taiwan Ministry of Foreign Affairs. 2023. *Economic overview Taiwan 2022*. https://www.taiwanembassy.org/be_en/post/139.html

01 _____

세계법제정보센터. 2018.01.18. 〈대만, 국가현안에 대한 투표를 규정하는 '공민투표법' 전부개정〉. 《세계법제정보센터》. https://world.moleg.go.kr/web/dta/lgslTrendReadPage.do;jsessionid=U9XAvFpG2U7cth0IycZV07xbXY4KxT0utKq8cYbURHUuTT8U03Waik7hAA6GRM6R.eduweb_servlet_engine6?1=1&searchPageRowCnt=10&A=A&AST_SEQ=300&CTS_SEQ=45983&searchType=all&pageIndex=undefined&ETC=90

EIU. 2023. "Democracy Index 2022: Frontline democracy and the battle for Ukraine". https://www.eiu.com/n/campaigns/democracy-index-2022/

Su, Y. T. 2023.10.05. "Taiwan is revolutionizing democracy". *The Washington post*. https://www.washingtonpost.com/news/theworldpost/wp/2018/10/05/taiwan/

Tampleman, K. 2022. "How Democratic Is Taiwan?: Evaluating Twenty Years of Political Change". *Taiwan Journal of Democracy. 18*(2). 1-24.

Taiwan today. 2024.01.18. "Taiwan ranks 3rd in Asia-Australasia". 11th globally in EIU Democracy Index 2020. *Taiwan today*. https://taiwantoday.tw/news.php?unit=2&post=193839

02 _____

고득관. 2023.10.01. 〈'세계에서 가장 평화로운 나라' 일본 9위, 미국 131위…한국은?〉. 《매일경제》. https://www.mk.co.kr/news/world/10840613

BBS. 2023.11.06. "The US is quietly arming Taiwan to the teeth". BBC. https://www.bbc.com/news/world-asia-67282107

EIU. 2023. "Democracy Index 2022: Frontline democracy and the battle for Ukraine". https://www.eiu.com/n/campaigns/democracy-index-2022/

IEP. 2023. "Global Peace Index 2023". Institute for Economics & Peace. https://www.visionofhumanity.org/wp-content/uploads/2023/06/GPI-2023-Web.pdf

03 _____

김범수 외. 2023. 〈2023 통일의식조사〉.《서울대 통일평화연구원》. 60 호. https://ipus.snu.ac.kr/blog/archives/research_cat/unification_perception-survey

최현준. 2024.01.14. 〈대만의 선택은 '반중' 총통…전쟁 두려움보다 중국 거부감 더 컸다〉.《한겨레》. https://www.hani.co.kr/arti/international/international_general/1124234.html

Chin, C. & Hsiao, B. 2023.11.21. "Under 10% of Taiwanese see China as trustworthy: Survey". *Focus Taiwan*. https://focustaiwan.tw/politics/202311210009

Thomson, J. 2023.10.12. "Poll shows Taiwan's support for independence falling, status quo rising". *Taiwan News*. https://www.taiwannews.com.tw/en/news/5018782

政治大學選舉研究中心. 2024.07.12.a. Taiwanese/Chinese Identity (1992/06~2023/06). https://esc.nccu.edu.tw/PageDoc/Detail?fid=7800&id=6961

政治大學選舉研究中心. 2024.07.12b. Taiwan Independence vs.

Unification with the Mainland(1994/12~2023/06). https://esc.
nccu.edu.tw/PageDoc/Detail?fid=7801&id=6963

04 _____

이하나. 2023.09.19. 〈중앙부처 여성 고위직 11%… 아직 멀었다〉.《여성
    신문》. https://www.womennews.co.kr/news/articleView.html?
    idxno=240534

Taiwan Today. 2023.08.17. "Taiwan ranks 7th globally for gender
    equality". *Taiwan Today*. https://taiwantoday.tw/news.php?unit=
    2,6,10,15,18&post=240659

TBO Taiwan. 2022.10.14. "聯合國人類發展指數HDI 台灣前進4名至
    全球第19". https://tbotaiwan.com/undp-human-development-
    report-2021-22/

UNDP. 2022. "Human Development Report 2021/2022". UNDP.
    https://hdr.undp.org/system/files/documents/global-report-
    document/hdr2021-22pdf_1.pdf?_gl=1%2A1pb17d6%2A_ga%2
    AOTgwMjYzMzA3LjE3MDYxMDE1OTQ.%2A_ga_3W7LPK0
    WP1%2AMTcwNjEwMTYwNS4xLjEuMTcwNjEwMTc4MS4
    1NC4wLjA.

UNDP. 2024.01.25. 검색. "GENDER INEQUALITY INDEX (GII)".
    https://hdr.undp.org/data-center/thematic-composite-indices/

gender‑inequality‑index#/indicies/GII

UNDP 서울정책센터. 2022.10.03. 〈2021/22 인간개발보고서 국내 발간회 개최 통해 불확실성 속 기회 강조〉.《UNDP》. https:// www.undp.org/ko/policy‑centre/seoul/press‑releases/undp‑ 2021/22‑ingangaebalbogoseo‑gugnae‑balganhoe‑gaechoe‑ tonghae‑bulhwagsilseong‑sog‑gihoe‑gangjo

UNDP 서울정책센터. 2024.01.25. 검색. 유엔개발계획 서울정책센터 (UNDP Seoul Policy Centre). https://un‑rok.org/ko/%EC%86 %8C%EA%B0%9C/%EC%82%AC%EB%AC%B4%EC%86% 8C/undp/

行政院主計總處. 2022.10.14. "國情統計通報". 195. https://ws.dgbas. gov.tw/Download.ashx?u=LzAwMS9VcGxvYWQvMC9yZWxm aWxlLzExMDIwLzIyOTU5MS9iNDdhNmYyYy1jNjY2LTRjZ DAtYmQ2Ni03OGEyYjMwMmM4MzkucGRm&n=TjExMTE wMTQucGRm&icon=.pdf

行政院性別等會. 2023. "2023 Gender AT A GLANCE IN R.O.C. (Taiwan)". https://gec.ey.gov.tw/Page/8996A23EDB9871BE

05 _____

Freedom House. 2023a. "Freedom in the World 2023: Taiwan". https:// freedomhouse.org/country/taiwan/freedom‑world/2023

Freedom House. 2023b. "Global Freedom". https://freedomhouse.org/
explore-the-map?type=fiw&year=2023

Freedom House. 2023c. "Freedom in the World 2023 Methodology".
https://freedomhouse.org/reports/freedom-world/freedom-
world-research-methodology

Freedom House. 2023d. "Freedom in the World 2023: Japan". https://
freedomhouse.org/country/japan/freedom-world/2023

Freedom House. 2023e. "Freedom in the World 2023: South Korea".
https://freedomhouse.org/country/south-korea/freedom-
world/2023

Freedom House. 2023f. "Freedom in the World 2023: China". https://
freedomhouse.org/country/china/freedom-world/2023

Freedom House. 2023g. "Freedom in the World 2023: North Korea".
https://freedomhouse.org/country/north-korea/freedom-
world/2023

Freedom House. 2024.01.22. 검색. "About Us". *Freedom House*. https://
freedomhouse.org/about-us

Lee, Y. & Blanchard, B. 2022.11.22. "Taiwan charges army officer with
corruption, harming state security". *Reuters*. https://www.reuters.
com/world/asia-pacific/taiwan-charges-army-officer-with-
corruption-harming-state-security-2022-11-22/

Yang, W. 2023.12.12. "China Ramps Up Efforts to Interfere in Taiwan's Coming Elections". *VOA*. https://www.voanews.com/a/china-ramps-up-efforts-to-interfere-in-taiwan-s-coming-elections/7395061.html

06 _____

김광석. 2024.01.16. 〈수출 중심 한국에 악영향 주는 극단적 보호무역주의 강화〉.《주간동아》. https://weekly.donga.com/economy/article/all/11/4687279/1

위용성. 2023.12.21. 〈중, 대선 앞둔 대만에 경제보복?… 12개 품목 관세 감면 중단〉.《한국일보》. https://www.hankookilbo.com/News/Read/A2023122120110002887?did=NA

Cato. 2024.01.23. 검색. "HUMAN FREEDOM INDEX". https://www.cato.org/human-freedom-index/2023

Chou, H. Y., & Hsu, E. 2023.12.15. "Taiwan's trade restrictions against China ruled to be 'trade barriers'". *Focus Taiwan*. https://focustaiwan.tw/cross-strait/202312150005

Freedom House. 2023. Global Freedom. https://freedomhouse.org/explore-the-map?type=fiw&year=2023

Human Freedom Index. 2023. *The Human Freedom Index 2023*. https://www.cato.org/sites/cato.org/files/2023-12/human-freedom-index-2023-full-revised.pdf

Statista. 2024.01.25. 검색a. https://www.statista.com/statistics/727604/ratio-of-government-expenditure-to-gross-domestic-product-gdp-in-taiwan/

Statista. 2024.01.25. 검색b. https://www.statista.com/statistics/939351/ratio-of-government-expenditure-to-gross-domestic-product-gdp-in-south-korea/

Taipei Times. 2023.12.21. "Taiwan retains No.1 in Asia on freedom index". *Taipei Times*. https://www.taipeitimes.com/News/front/archives/2023/12/21/2003810932

Taiwan Today. 2023.12.20. "Taiwan tops Asia in global human freedom index". *Taiwan Today*. https://www.taiwantoday.tw/news.php?unit=10&post=246289&unitname=Society-Top-News&postname=Taiwan-tops-Asia-in-global-human-freedom-index

07 _____

황우넘 · 이정기. 2016. 《대만 방송 뉴스의 현실과 쟁점》. 커뮤니케이션 북스.

Shan, S. 2023.05.04. "Taiwan climbs in World Press Freedom Index". *Taipei 0 Times*. https://www.taipeitimes.com/News/front/archives/2023/05/04/2003799102

Reporters Without Borders. 2023. 2023 Global score. https://rsf.org/en/index

Reporters Without Borders. 2024.01.26.a. 검색. Our Action. https://rsf.org/en/who-are-we#rsf-is-2846

Reporters Without Borders. 2024.01.26.a. 검색. Who are we?. https://rsf.org/en/who-are-we

Reporters Without Borders. 2024.01.26b. 검색. "Methodology used for compiling the World Press Freedom Index 2023". https://rsf.org/en/methodology-used-compiling-world-press-freedom-index-2023?year=2023&data_type=general

Reporters Without Borders. 2024.01.26.c. 검색. Taiwan. https://rsf.org/en/country/taiwan

Reporters Without Borders. 2024.01.26.d. 검색. South Korea. https://rsf.org/en/country/south-korea

08 _____

이지민. 2022.09.12. 〈[기자가 만난 세상] 대만 '아시아 행복지수 1위' 비결〉.《세계일보》. https://www.segye.com/newsView/2022091 2513048

허종호. 2022. 〈최근 대만의 행복수준 상승이 주는 시사점〉.《국회미래 연구원 국민행복포커스》1호. https://www.nafi.re.kr/new/focus.

do?mode=download&articleNo=3793&attachNo=4577

Word Happiness Report. 2023a. ABOUT. https://worldhappiness.
report/about/

Word Happiness Report. 2023b. Executive Summary. https://
worldhappiness.report/ed/2023/executive-summary/

Word Happiness Report. 2023c. Word Happiness Report. https://world
happiness.report/ed/2023/world-happiness-trust-and-social-
connections-in-times-of-crisis/#ranking-of-happiness-2020-2022

09 _____

매일경제. 2023.06.04. 〈돌아온 외국인 관광객, 재방문율 제고에 K관
광 성패 달려 [사설]〉.《매일경제》. https://www.mk.co.kr/news/
editorial/10752220

통계청. 2023. 〈한국의 사회동향 2023〉. https://sri.kostat.go.kr/
boardDownload.es?bid=12302&list_no=428482&seq=1

InterNations. 2023. Expat Insider 2023. https://www.internations.org/
expat-insider/2023/best-and-worst-places-for-expats-40353

10 _____

대한민국 정책브리핑. 2023.06.20. 〈한국 국가경쟁력 64개국 중 28위…
'경제성과' 오르고 '정부효율성' 떨어져〉.《대한민국 정책브리핑》.

https://www.korea.kr/news/policyNewsView.do?newsId=148 916542

Chiag, M. 2023.06.20. "IMD World Competitiveness: Taiwan ranks sixth out of 64 countries". *RTI*. https://en.rti.org.tw/news/view/ id/2009593

IMD. 2023a. World Competitiveness Ranking. https://www.imd.org/ centers/wcc/world-competitiveness-center/rankings/world-competitiveness-ranking/

IMD. 2023b. IMD World Competitiveness Booklet 2023. https://imd. cld.bz/IMD-World-Competitiveness-Booklet-2023/2/

IMD. 2022. IMD World Competitiveness Booklet 2022. https://imd. cld.bz/IMD-World-Competitiveness-Booklet-2022

IMD. 2021. IMD World Competitiveness Booklet 2021. https://imd. cld.bz/IMD-World-Competitiveness-Booklet-2021

Kistep. 2023.07.27. 〈2023년 IMD 세계경쟁력 분석〉. https://www. kistep.re.kr/board.es?mid=a10306030000&bid=0031&act=view &list_no=43451

Moda. 2023.11.30. "2023 IMD World Digital Competitiveness: Taiwan Has Advanced to the 9th Position Globally, With the Leading Position in Five Key Indicators Worldwide". *Ministry of Digital Affairs*. https://moda.gov.tw/en/press/press-releases/9089

데이터와 지표로 살펴보는

대만

초판인쇄 2024년 5월 3일
초판발행 2024년 5월 3일

지은이   황우념 · 이정기
펴낸이   채종준
펴낸곳   한국학술정보(주)
주 소   경기도 파주시 회동길 230(문발동)
전 화   031-908-3181(대표)
팩 스   031-908-3189
홈페이지 http://ebook.kstudy.com
E-mail 출판사업부 publish@kstudy.com
등 록   제일산-115호(2000. 6. 19)

ISBN   979-11-7217-281-7 03070

이담북스는 한국학술정보(주)의 학술/학습도서 출판 브랜드입니다.
이 시대 꼭 필요한 것만 담아 독자와 함께 공유한다는 의미를 나타냈습니다.
다양한 분야 전문가의 지식과 경험을 고스란히 전해 배움의 즐거움을 선물하는 책을 만들고자 합니다.